ALSACIA

Sergi Ramis

ECOS TRAVEL BOOKS

SUMARIO

MAPA DE ALSACIA

BÉLGICA
ALEMANIA
FRANCIA
SUIZA
ITALIA
ESPAÑA

ALEMANIA

WISSEMBOURG

PARQUE NATURAL REGIONAL
DE LOS VOSGOS DEL NORTE

A 35

HAGUENAU

A 4

SAVERNE E 25

Rin

LORENA

ESTRASBURGO 2

D 1420

OBERNAI

STRUTHOF 6   8

ALSACIA A 35
E 25

DAMBACH-LA-VILLE 10

HAUT-KOENISBERG SÉLESTAT 9   ALEMANIA
5

RIBEAUVILLÉ 11   BERGHEIM 15
HUNAWIHR 12   RIQUEWIHR 3
KAYSERSBERG 14
COLMAR 1

D 415
4   7   NEUF-BRISACH

PARQUE NATURAL
REGIONAL
BALLONS DE VOSGOS A 35
E 25

Rin

FRANCIA

MULHOUSE 13

E 60

FRANCO CONDADO   ALTKIRCH

SUIZA

ALSACIA, HOY

Hasta un pasado bastante reciente, para Alsacia su ubicación geográfica fue una maldición. Clavada en una encrucijada prácticamente en el centro de Europa, donde Francia, Alemania y Suiza se encuentran, fue un territorio que las dos grandes potencias continentales se disputaban. Estirándose a lo largo de la orilla izquierda del Rin, además, se veía redoblada su condición de terreno de frontera.

Pero hoy, tras el gran trauma de la Segunda Guerra Mundial y las heridas que tras ella había que restañar, Alsacia se erige en territorio moderno y próspero, presumiendo de ser la sede del parlamento europeo, el lugar donde Francia y Alemania se dan la mano y comparten, en ese pequeño país, costumbres, lengua, gastronomía, cultura…

Alsacia apenas tiene 8.000 km^2, es el departamento más pequeño de la Francia continental. Tal vez por ello y por su monotonía orográfica –un gran llano solo roto por las modestas cumbres de los Vosgos–, el país es muy homogéneo, con una economía volcada en la vinicultura, la industria y el turismo. Su deliciosa arquitectura, escapada de un cuento de los hermanos Grimm, se mantiene intacta. Su idioma, una variante del alemán, permanece vivo en las calles y en las escuelas. Sus castillos, herencia de cuando los recelos con los vecinos eran la norma, están bien conservados. Sus vinos son mágicas conversiones de un clima inusualmente seco y soleado en vibrantes tesoros líquidos. Todo ello son motivos para visitar una región que, injustamente, no aparece en las primeras posiciones de las más conocidas y apreciadas por el turismo en Francia, pero que merece estarlo por su encanto sencillo y atmósfera relajante. Un lugar en el que asombran tanto los edificios civiles como los religiosos, las onduladas colinas repletas de viñas como las sorprendentes estaciones de esquí que aparecen bruscamente en las cumbres de los Vosgos. Un festival gastronómico para quienes aprecian la recia manera de comer del centro de Europa, donde los remilgos no tienen cabida. Un espacio para descubrir creadores

Un lugar en el que asombran tanto los edificios civiles como los religiosos, las onduladas colinas repletas de viñas como las sorprendentes estaciones de esquí

4

artísticos de primera línea ignotos para muchos europeos del sur.

Tan solo cruzar el río Rin encontramos la también encantadora Selva Negra, una "gemela" alemana de la Alsacia francesa. Incorporamos en esta guía un capítulo con los lugares más destacados de ese territorio, perfectamente factible en el mismo viaje, pues hay muy pocos kilómetros de distancia y la experiencia es un complemento perfecto, tanto en lo arquitectónico como –sobre todo– en el disfrute de la naturaleza.

RECOMENDACIONES PARA EL VIAJE

La mayoría de ciudadanos occidentales no necesitan visado para entrar en Francia. Están exentos de ese requisito todos los ciudadanos de la Unión Europea y Suiza, y también los de Estados Unidos y la mayoría de países latinoamericanos, para estancias inferiores a 90 días y por motivos turísticos (Bolivia, Cuba y República Dominicana están fuera de esa lista). Si se desea un estancia más prolongada o hay dudas sobre si su país está incluido en la lista, antes de viajar, asegúrese de que no haya habido cambios en esta política. Hay información actualizada y requisitos de entrada de acuerdo a su nacionalidad y/o residencia en el sitio web oficial del Ministerio del Interior. *www.diplomatie.gouv.fr* (en castellano, francés e inglés). Si se halla entre los ciudadanos que están obligados a obtener un visado de entrada, puede tramitarlo a partir de la web oficial: *https://france-visas.gouv.fr*.

Clima

Alsacia está situada en el centro de Europa, lo que quiere decir que cuenta con inviernos fríos y veranos de temperatura moderada. Básicamente es una llanura, por lo que las nieblas, sobre todo teniendo en cuenta la influencia del poderoso río Rin o del más modesto Ill, no son nada raras. Los Vosgos son una cadena de montañas bajas (el pico más alto es el Grand Ballon, de 1.424 m) en las que, sin embargo, nieva con regularidad. Solo hay que tener en cuenta la existencia de estaciones de esquí. Pero, sorprendentemente, Alsacia cuenta con uno de los climas más secos y soleados de Francia. Las temperaturas pocas veces sobrepasan los 22°C, y las precipitaciones son escasas, lo que redunda en la calidad de sus vinos (y la comodidad para los viajeros).

Hacer la maleta debería ser, teniendo en cuenta lo expuesto anteriormente, muy sencillo. Aunque si echa algo en falta, encontrará comercios en los que abastecerse con paraguas, sombreros, guantes, una camiseta o un jersey según la época del año. En verano la presencia de mosquitos está asegurada, viaje con un buen repelente e incluso un aparato eléctrico para enchufar en la habitación del hotel.

AEROPUERTO

El aeropuerto más importante de Alsacia es el de Estrasburgo (*www.strasbourg.aeroport.fr*), en realidad situado a 17 km al suroeste de la ciudad, más cerca de Entzheim. Para servir a una pequeña ciudad de menos de 300.000 habitantes, llama la atención la gran cantidad de aerolíneas que lo utilizan y la riqueza de rutas. Pero la explicación se halla en la presencia del parlamento europeo y su cohorte de diputados y funcionarios, lo que garantiza un tráfico generoso y constante. La manera más cómoda de llegar es utilizar los trenes lanzadera que salen cada 15 min. de la estación de tren de Estrasburgo (*www.ter-sncf.com*). Tardan alrededor de 10 min. en cubrir el trayecto.

La compañía de autobuses Flight Liner lleva hasta el aeropuerto de Karlsruhe / Baden-Baden (Alemania), situado a una hora (*www.baden-airpark.de*). Es la alternativa para muchos viajeros procedentes del este y el norte de Europa. También puede ser útil si se desea combinar la visita a Alsacia y la Selva Negra y después regresar desde allí a casa sin necesidad de retornar a Estrasburgo. Lo mismo sucede con el Euroaeropuerto (*www.euroairport.com*), que se halla en una encrucijada entre la ciudad alsaciana de Mulhouse; la capital oficiosa de la Selva Negra, Friburgo de Brisgovia; y la suiza Basilea.

En función de la época del año y las tarifas (también en combinación con los precios de los vehículos de alquiler), será conveniente que el viajero haga una buena búsqueda antes de escoger el trayecto aéreo, pues las diferencias tanto en frecuencias como en desembolso pueden ser notorias entre los tres aeropuertos citados.

Moneda

La moneda oficial de Francia es el euro. La ventaja es que es la misma que en Alemania, por lo que si se cruza la frontera no hay que pensar en el dinero. En cambio, si se traspasa a Suiza hay que recordar que allí rige el franco. En ciudades como Estrasburgo, Colmar o Mulhouse se encuentran oficinas de cambio, además de los consabidos bancos, más lentos y burocráticos. En otras localidades puede ser más difícil cambiar moneda. Las tarjetas de crédito internacionales funcionan con normalidad, incluso en compras pequeñas. Sorprendentemente, en algunos pueblos pequeños de la Selva Negra –por más que sean turísticos– pueden exigir que se pague en efectivo.

Oficinas de turismo

Hay oficinas de turismo desperdigadas estratégicamente por el territorio, generalmente con personal muy competente.

• **Colmar** (Place Unterlinden, www.tourisme-colmar.com)

• **Estrasburgo** (17, place de la Cathédrale, www.visitstrasbourg.fr)

• **Marckolsheim** (13, rue du Maréchal Foch, www.marckolsheim.fr)

• **Mulhouse** (1, Robert Schuman, www.tourisme-mulhouse.com)

• **Obernai** (Place du Beffroi, www.tourisme-obernai.fr)

• **Rosheim** (94, rue du Général de Gaulle, www.rosheim.com)

• **Turckheim** (Corps de Garde, www.turckheim.com)

• **Wissemburgo** (11, Place de la Republique)

Antes de viajar se puede visitar la web de Turismo de Alsacia: www.tourisme-alsace.com.

TARJETA PASS'ALSACE

Los viajeros que
tengan planeado
realizar varias
visitas a museos,
parques temáticos o
castillos, por
ejemplo, pueden
estudiar la
posibilidad de
comprar un Pass'Alsace. Se trata de una tarjeta con
descuentos múltiples

Existe varias modalidades, en función de si cubren 1
(25€, 17€ para niños), 2 (35€, 22€ para niños) o 3 días
(45€, 27€ para los niños), aunque hay que estudiar bien
qué lugares se desean visitar, sobre todo si se va en
familia, porque en algunas atracciones los niños tienen ya
entrada gratis. Hay también tarjetas específicas para el
periodo invernal y para visitar únicamente Estrasburgo y
el norte de la región.

El cálculo de si el Pass'Alsace sale a cuenta no siempre es
sencillo, pues en algunos museos, parques o centros
culturales hay descuentos específicos para familias. Lo
mejor es trazar un itinerario con las visitas que se desean
hacer y entonces calcular cuáles incluye el pase y en qué
sitios nos saldría más rentable no disponer de él. No
todos los pases incluyen el mismo número de atracciones,
pero siempre rondan el medio centenar.

Se consigue el Pass'Alsace por medio de la web
www.pass-alsace.com y por teléfono: 33 458 176 797. No
es necesario disponer de la tarjeta física, en las entradas a
las atracciones se acepta llevar el Pass'Alsace cargado en
un dispositivo electrónico.

Idioma

Paseando, oirá hablar un idioma que le sonará a alemán. Puede que lo sea, pues la permeabilidad de la frontera hace que los vecinos se visiten con asiduidad (también hay muchos suizos en la zona). Pero lo más seguro es que esté escuchando alsaciano, un dialecto muy emparentado con el germano. Testimonialmente, algunas calles de varias ciudades están también rotuladas en bilingüe. Pero si no domina la lengua de Goethe, lo más común es que se haga entender en francés, el idioma oficial. Todos los documentos, rótulos de carreteras y señalizaciones en museos están en esa lengua. Al traspasar a la Selva Negra, además de rudimentos de alemán, será conveniente comunicarse en inglés, la lengua que muchos negocios turísticos dominan. No se sorprenda, sin embargo, si encuentra ciudadanos alemanes que no posean conocimientos en esa *lingua franca*.

Seguridad

Alsacia es una zona segura, puede pasear a cualquier hora del día o de la noche sin temor. Sin embargo, ello no impide que se informe de qué barrios de Estrasburgo –la mayor aglomeración urbana– pueden ser más sensibles a la criminalidad o que esté atento a carteristas y descuideros, una plaga donde sea que haya turistas. En las aglomeraciones ponga a buen recaudo su cartera, mantenga cerradas las cremalleras del bolso e incluso, póngaselo en bandolera, aunque los tirones son realmente raros.

TRANSPORTE

Viajar por Alsacia sirviéndose estrictamente del transporte público puede alargar mucho la estancia. Aunque hay red de ferrocarril y autobuses, fuera de las grandes ciudades costará enlazar horarios convenientes y será muy difícil llegar a zonas rurales como el valle de Munster o los Vosgos. Lo ideal para visitar Alsacia, sobre todo por el tamaño del país, es el vehículo propio o alquilado. Hay muchas compañías y los precios son los estándares europeos, más baratos cuantos más días se soliciten. Todos los pueblos y ciudades –excepto Estrasburgo, donde con casi toda seguridad habrá que recurrir a un aparcamiento de pago– tienen zonas establecidas en su perímetro para dejar cómodamente el coche. Estrasburgo es ideal para recorrer en bicicleta. Existe un servicio público llamado Vélhop que permite tomarlas por horas o por días enteros a precios muy razonables (6 euros por día). Hay que tener a mano una tarjeta de crédito y un teléfono móvil para iniciar los trámites. *https://velhop.strasbourg.eu*.

Si es usted un *gourmand* que no le teme ni a los michelines ni a los índices altos de colesterol, está de enhorabuena, Alsacia es su destino. El país recoge lo más distinguido de la gastronomía francesa (vinos, quesos, chocolates) con la cocina genuinamente alemana, con gran presencia de carne de cerdo y platos hipercalóricos.

Si desea entrar en contacto con la cocina típica, lo mejor es frecuentar las winstub, unas tabernas que se parecen a los *pubs* británicos, pero que ponen más su acento en la comida. Allí encontrará, lógicamente, todo tipo de salchichas acompañadas de patatas y de la inefable chucrut (col fermentada), que es el orgullo alsaciano. No se confunda, cuando pida un plato de este vegetal nunca lo recibirá solo, siempre irá enterrado en una montaña de carne de cerdo variada.

El baeckeoffe es, tal vez, el plato más clásico. Recibe su nombre del bonito recipiente ovalado cerámico en el que se cocina, y es un estofado de carne de cerdo, con beicon, salchichas y jamón.

Si prefiere cambiar el cerdo por la ternera, embutida en unos rollos de pasta al huevo aromatizada con hierbas, decídase por la fleischnacka. Es lo más parecido a un brazo de gitano, pero en salado.

El lewerknepfle toma el hígado como base y lo mezcla con otros ingredientes para formar un manjar en forma de *quenelle* muy apreciado. Siempre lleva guarnición.

La flammekueche (también se anuncia como *tarte flambée*) es la versión alsaciana de la pizza, con la base bastante crujiente. Hay establecimientos especializados aunque, por alguna razón, es más común que se encuentre para la cena que al

El país recoge lo más distinguido de la gastronomía francesa (vinos, quesos, chocolates) con la cocina genuinamente alemana

mediodía. Tal vez porque se considera un plato ligero en comparación con los relacionados con el cerdo.

El gallo al vino riesling o los caracoles a la alsaciana enlazan más con la tradición culinaria francesa, pero son también típicos de la región.

No olvide que toda Alsacia y el valle del Munster en concreto son productores de sensacionales quesos, lo que puede convertirse en un gran postre si no quiere recurrir a la versión local del pretzel (bollo horneado en forma de lazo). Los hay duros y blandos, y los alsacianos prefieren recurrir a él como aperitivo o como tentempié para tomar entre horas.

Los chocolates, de los que Alsacia es primera productora de Francia, se encuentran por todas partes, ya sea en tiendas pequeñas o (¡sí!) en supermercados específicos solo para este manjar. Una buena manera de coger kilos es seguir la Ruta de los Chocolates y los Dulces de Alsacia, más de 200 km de tentaciones pecaminosas (*http://musee-du-chocolat.com*).

Por lo que respecta al café, rige la calidad francesa. Es decir es generalmente bueno. Las panaderías y pastelerías, que están por doquier y suelen abrir todos los días de la semana, son auténticos museos. Además de los pretzels obligados, encontrará todas las variedades de repostería francesa.

Durante su estancia en Alsacia recuerde que los horarios de comida son los generales en el norte de Europa, con el almuerzo entre les 12 y la 13 h y la cena entre las 19.30 y las 21 h. Aun acostumbrados a recibir turistas, los restaurantes se mueven en esos horarios, y acudir tarde es sinónimo de fracaso.

Los vinos, merecen capítulo aparte. En su viaje por Alsacia verá que buena parte del territorio está dedicado al cultivo de la viña, y encontrará bodegas para visitar. Alsacia es una prestigiosa productora de vinos. Se trabaja básicamente con las variedades de uva sylvaner, pinot blanc, riesling, muscat, pinot gris, gewurztrminer, klevener de heiligenstein y pinot noir. Hay tres grandes denominaciones de origen: Alsacia, Grand Cru y Crémant.

Hay vinos de todos los precios y calidades, desde baratos pero de calidad apreciable hasta botellas de precios desorbitados.

LA RUTA DE LOS VINOS

La ruta de los vinos de Alsacia es la más antigua de Francia, establecida hace ya más de seis décadas. Cruza 73 localidades y se alarga durante 180 km. En todas las oficinas de turismo ofrecen folletos y mapas para seguirla, tanto en automóvil como en bicicleta. Se puede partir de Marlenheim, en el extremo norte, y llegar a Thann, en el punto más meridional. Las variedades blancas son las reinas, aunque comienza a ensayarse también con vinos rosados y tintos.

El sitio web de la ruta está muy bien organizado (*www.route-des-vins-alsace.com*), y no solo permite saber qué bodegas visitar, sino que mantiene informaciones frescas sobre exposiciones y ferias, evolución de las añadas... También se pueden hacer reservas, para visitas y alojamientos.

Si el viajero tiene una curiosidad más paisajística y/o visual que gustativa, también puede recurrir a los numerosos senderos en torno a los viñedos que están bien señalizados y parten de prácticamente cada localidad. En general son cortos paseos inferiores a 4 km, aunque se pueden alargar las rutas enlazando varios de ellos. Véase mapa de la ruta en Internet: *https://bit.ly/2TStinw*. También hay rutas por viñedos en bicicleta, que cubren un mayor número de kilómetros.

ALSACIA. VISITAS IMPRESCINDIBLES

1. Colmar. *Magia alsaciana*
2. Estrasburgo. *El centro de poder europeo*
3. Riquewihr. *El pueblecito de Hansel y Gretel*
4. Valle de Munster. *El cofre de los quesos*
5. Haut-Koenisberg. *El castillo rojo*
6. Campo de concentración Natzweiler-Struthof
7. Neuf-Brisach. *Las habilidades de Vauban*
8. Obernai. *Murallas y viñedos*
9. Sélestat. *Iglesias misteriosas*
10. Dambach-la-Ville *Borrachera de bodegas*
11. Ribeauville. Las tres fortalezas
12. Hunawihr. *Cigüeñas y mariposas*
13. Mulhouse. *Para amantes de los motores*
14. Kaysersberg. *La Casa Schweitzer*
15. Bergheim. *Encanto medieval*

1 COLMAR

Magia alsaciana

Una pequeña ciudad de 70.000 habitantes se convierte, por derecho propio, en el eje de la visita a Alsacia. Situada en el centro de la región, a una conveniente distancia equivalente de los Vosgos, Estrasburgo o Mulhouse, esta encantadora localidad es de una perfección rayana en el espejismo. Parece difícil encontrar algo fuera de lugar en Colmar, con sus casas tradicionales que muestran el entramado de madera, sus colores pastel retocados hasta la perfección, sus museos e iglesias. Cuna de Frédéric Auguste Bartholdi, escultor de la Estatua de la Libertad, Colmar contenta a todos los viajeros, pues el tamaño de la localidad y los diferentes barrios satisfacen tanto a quien busca el cosmopolitismo de las *boutiques* y tiendas internacionales como a quien desea una regresión al pasado, entre las callejas medievales. Código QR con video de la ciudad en pág. 116.

La Petite Venise

El objetivo número uno de Colmar es el barrio conocido como Petite Venise. Como tantas otras comparaciones con la inigualable capital de la República Serenísima, es una exageración. Sin embargo, se trata de un distrito cruzado por canales que permiten incluso un pequeño viaje en barca. De hecho, de la Rue des Tanneurs parten embarcaciones turísticas que realizan el paseo. Aunque lo mejor es callejear sin rumbo, entregarse a las hileras de casas pintadas de colores, decoradas hasta el mínimo detalle, lo que llega al paroxismo en épocas señaladas como Navidad o Pascua. No hay que olvidar el Quai de la Poissonerie, donde antiguamente habitaban los pescadores.

Precisamente aprovechando los canales de navegación, antiguamente los agricultores y pescadores se acercaban al Marché Couvert a vender sus mercancías. Hoy este espacio es un lugar convertido en centro de tiendas de alimentación selectas. Aunque se puede realizar la compra diaria, la verdad es que la mayoría de comercios están especializados en *delicatessen* locales: dulces, vinos, quesos, embutidos, especias… Es uno de los atractivos de Colmar.

Mercado cubierto. Rue des Écoles. Abierto Ma-Do en horarios variables según el día de la semana. Consúltense en *www.marche-couvert-colmar.fr* .

Casco viejo

Encerrado por un cinturón de bulevares por los que circula el tráfico, Colmar tiene en su casco viejo prácticamente una isla peatonal. En él se amontonan las casas alsacianas típicas más bonitas y también sus museos e iglesias más destacados. En primer lugar el Museo Bartholdi, donde se rinde homenaje a este escultor que creó la Estatua de la Libertad que Francia regaló a Estados Unidos y que hoy es el símbolo del país americano. Bartholdi es muy apreciado en Francia por ser, además, quien esculpió el *León de Belfort*, un felino de piedra que recuerda, en esa localidad, la guerra francoprusiana de 1870. Saliendo de Colmar en dirección norte hacia Estrasburgo, en una de las rotondas, hay una reproducción de la famosa Estatua de la Libertad que se ilumina al atardecer.

Museo Bartholdi. 30, rue des Marchands. Tel. 389 419 060. Abierto marzo-diciembre Ma-Do, 10-12 h y 14-18 h. Entrada general, 5€. *www.musee-bartholdi.fr*.

Museo Unterlinden

El orgullo museístico de la ciudad está en el Unterlinden, donde se reúne una apreciable colección de estatuas medievales en piedra, algunos retablos del siglo XV –cuya estrella principal es el de Issenheim– y otras piezas religiosas. Además, la pinacoteca reúne obras modernas, con firmas impactantes como las de Claude Monet, Pablo Picasso o Pierre-Auguste Renoir.

El edificio que alberga el museo Unterlinden es un antiguo convento de monjas dominicas levantado en el siglo XIII, situado al noroeste del centro. El espacio se fundó basándose en la recuperación de un mosaico romano localizado en la ciudad, pero desde 1852 su protagonista indiscutible es el Retablo de Isenheim. Se trata de la obra más importante de Matthias Grünewald, una pintura sobre tablas formada por nueve paneles realizada entre 1512 y 1516. La expresividad de los personajes es escalofriante, especialmente la del Cristo, que abre las manos desgarradoramente desde la Cruz, con un cuerpo nudoso y lleno de laceraciones, aun más famélico de lo que suele ser común en sus representaciones. La cabeza cae muerta hacia un lado, casi queriendo separarse del tronco. Los colores son intensos y destacan sobre el fondo casi negro de la escena. En las puertas laterales, san Juan y san Antonio están tan abatidos que parecen inconsolables.

El retablo de Isenheim luce en la capilla del antiguo convento, un lugar ideal que da idea de para qué tipo de lugar sagrado fue concebido.

Además del impactante retablo, Unterlinden cuenta con varias colecciones permanentes con una nómina impresionante de autores que van desde Alberto Durero y Cranach el Viejo hasta Pierre-Auguste Renoir. El museo exhibe muestras temporales, además de organizar conciertos y otras actividades culturales. Cuenta con un departamento didáctico enfocado especialmente a que los jóvenes se aficionen al arte.

Museo Unter Linden. Place des Unterlinden. Tel. 389 201 550. Abierto Mi-Lu 9-18 h. Entrada general, 13€. *www.musee-unterlinden.com.*

Museo de Juguetes

Si se viaja con niños –o sin ellos–, una cita ineludible es el adorable Museo de Juguetes clásicos, donde esperan docenas de osos de peluche, tiovivos, soldados de plomo, trenes eléctricos, muñecas, vehículos, juegos de mesa, rompecabezas, maquetas de barcos...

La idea partió de la colección inicial del pintor local Georges Trincot, pero con el paso de los años ha ido creciendo y ahora, además de una exposición permanente que se organiza por temáticas, aborda otras muestras temporales relacionadas con el mundo del juego y sus artefactos. Es un sitio en el que casi disfrutarán más los mayores que los pequeños, pues hay un buen espacio para la nostalgia en los caballos-balancín, los trenes eléctricos, los vehículos de latón, las muñecas, los soldados, autómatas, maquetas... Hay una colección de muñecas Barbie que se remontan a 1959 con el primer modelo, y que se actualiza permanentemente. Cuenta con una tienda pequeña pero interesante para llevarse algún recuerdo en forma de juego de mesa, títeres de dedo o móviles alimentados por una pequeña placa foltovoltaica.

Museo de Juguetes. 40, rue Vauban. Tel. 389 419 310. Abierto enero-noviembre, Mi-Lu 10-17 h. Julio, agosto y diciembre Lu-Do 10-18 h. Entrada general, 6,10€. *www.museejouet.com*.

Una fachada con cabezas

Por lo que respecta al patrimonio arquitectónico religioso, en Colmar hay que visitar la iglesia de Saint-Matthieu, de pura austeridad protestante, y la de los dominicos, con una estética completamente diferente, un gótico exultante en el que destaca un tríptico con la Virgen como protagonista.

De entre la borrachera de edificios civiles que se verán paseando por Colmar, no hay que pasar de largo la Maison des Têtes (19, rue des Têtes), edificio de principios del siglo XVII que se distingue por su centenar largo de cabezas esculpidas en la fachada, no solo de personas, sino también de animales, diablos y otros seres imaginarios y reales. Hoy en día el interior del edificio es un hotel con restaurante. Búsquese también la Maison zum Kragen, en 9 rue des Marchands, una de las más bonitas de Colmar.

2 ESTRASBURGO

El centro de poder europeo

La urbe más importante de Alsacia es Estrasburgo (Strossburi, en alsaciano). Sus suburbios orientales se ven acariciados por el Rin, mientras que su antiguo casco urbano prácticamente queda como una isla, rodeada por el río Ill y sus canales secundarios.

El característico edificio cilíndrico de acero y vidrio que acoge a los representantes de la soberanía popular continental es una imagen conocida por la mayoría. Y las instituciones se pueden visitar, en *tours* guiados. Pero este entramado de oficinas situado al norte de la villa, en un espacio ajardinado y muy abierto, no es el mayor atractivo turístico de la capital alsaciana ni de lejos. Código QR con video de la ciudad en pág. 116.

Estrasburgo fue escogida como sede del parlamento europeo por su inigualable emplazamiento en el centro del continente, por la proximidad entre Francia y Alemania y por el simbolismo de convertir un territorio en disputa en la sede del europeísmo. Hay quien, con un poco más de mala intención, asegura que la elección también tendría que ver con lo bonita que es la ciudad, su manejabilidad –poco más de 280.000 habitantes– y su alta calidad de vida.

Petit France

Haría bien el visitante en acceder a Estrasburgo por sus antiguas murallas, en el trío de islas que se agrupan bajo el nombre genérico de Petite France. Están unidas por puentes móviles –para permitir el paso de barcazas turísticas y también de mercancías–, y en ellas se agrupan las típicas casas alsacianas de entramado de madera y vivos colores pastel que se ven por todo el territorio. Son callejas medievales donde hay restaurantes y hoteles, pero también alguno de los últimos negocios de artesanos y las familias más arraigadas de la ciudad. Allí se pueden ver y recorrer los famosos Ponts Couverts, que servían tanto de esclusa como de defensa. Justo enfrente está el Barrage Vauban, es decir, la presa que controla los canales que vienen desviados del río Ill por el norte de la ciudad.

Este barrio antiguo, que hasta mitad del siglo XX era considerado uno de los más pobres de la ciudad, ahora es el más pintoresco, con las casas bien restauradas y varias calles cerradas al tráfico. Fue declarado patrimonio de la Humanidad por la Unesco en 1988.

Museo de Arte Moderno y Contemporáneo

A pocos metros de la presa Vauban está el flamante Museo de Arte Moderno y Contemporáneo, uno de los modernos iconos de la ciudad que ya lleva dos décadas ofreciendo una impresionante colección permanente y dinámicas exhibiciones temporales. Cubre todo el periodo desde la década de 1870 hasta nuestros días, pasando desde el impresionismo hasta la Arte Povera. Un gran cubo acristalado rodeado por otras estructuras similares pero en piedra de menor tamaño llaman la atención junto al canal. Al internarse en el edificio, la sensación de que la luz lo inunda todo es constante.

Los apellidos de los artistas que llenan sus paredes impresionan: Doré, Ernst, Monet, Chagall, Magritte, Klee… Hay más de 6.000 pinturas, 15.000 dibujos y 4.000 fotografías. Además, prácticamente cada mes y medio se inaugura una exposición temporal.

El museo cuenta con un sistema de visitas guiadas y un departamento educativo que intenta acercar el arte moderno a los más jóvenes.

Musée d'Art Moderne et Contemporain. 1, place Jean-Hans Arp. Tel. 368 985 000. Abierto Ma-Do 10-13 y 14-18 h. Entrada general, 7,5€. *www.musees.strasbourg.eu.*

GRANDE ÎLE

Catedral

Ya adentrándose por la comercial Grand'Rue o Langstross el visitante penetra en la zona conocida como Grande Île, que está rodeada de agua por todas partes y tiene forma de almendra. El primer destino debe ser el monumento más imponente: la catedral de Notre-Dame.

La basílica estrasburguesa es un gigante de piedra arenisca roja levantado en diferentes fases a partir de mediados del siglo XIII. Su fachada apabulla con las afiladas agujas que coronan la portada principal, las ventanas estrechas y alargadas y la torre campanario, que se alza hasta los 142 metros de altura y se puede visitar salvando una escalera de caracol. Los peldaños dejan en una plataforma intermedia (queda una altura equivalente hasta la punta de las agujas) que permite disfrutar de los tejados de la ciudad vieja, y de la plaza, con la rue Mercière repleta de turistas y negocios. Entre los siglos XVII y XIX la catedral de Estrasburgo fue el edificio más alto del mundo.

En el interior del templo, los lugares que reciben más visitas son el reloj astronómico, el conjunto de vitrales góticos y la preciosa columna tallada con un ejército de ángeles. El rosetón es uno de los más grandes de Europa.

Por lo que respecta al reloj, ha sido sustituido en diferentes ocasiones, desde que en el año 1352 se instalara el primero. El actual es de 1842, y es mucho más sofisticado de lo que podría parecer, pues calcula las fiestas eclesiásticas del año en curso y del siguiente, el signo del zodíaco, las fases de la Luna y la posición de los planetas, aunque solo hasta Saturno, los mundos conocidos hasta el momento de su creación. Cada día a las 12 del mediodía (media hora más tarde en invierno) se activa el mecanismo que hace desfilar a los apóstoles ante Jesús.

Justo a la izquierda del reloj está la columna de los ángeles o del Juicio. Se trata de una talla en la misma piedra arenisca en que se construyó la catedral con una serie de esculturas de ángeles ascendiendo al cielo. Literalmente, se alza hasta el techo, sumergiéndose en las zonas altas más oscuras del templo.

Al salir de la catedral, vale la pena fijarse en la imponente casa de madera conocida como Maison Kammerzell, que luce en la esquina nororiental de la plaza. Se alzó en 1427 y es la mejor muestra del gótico civil de Estrasburgo. En la actualidad las primeras plantas pertenecen a un hotel, por lo que existe la posibilidad de disfrutar de sus habitaciones y las vistas.

Cathédrale Notre-Dame. Place de la Cathédrale. Tel. 388 214 330. Abierto Lu-Sa 8.30-11.15 h y 12.45-17.45 h. Do 13.30-17.30 h. Los horarios son más generosos para quienes acuden a los oficios religiosos. Si se desea contemplar el movimiento del reloj astronómico, hay que pagar entrada (3€) y acudir en las horas en que la catedral está cerrada al público. *www.cathedrale-strasbourg.fr.*

Museo Alsaciano

El Museo Alsaciano recoge –desde hace más de un siglo– mobiliario, objetos cotidianos, herramientas domésticas, agrícolas, juguetes, imágenes religiosas... del país. Es un testigo de la vida de los siglos XVIII y XIX. Está situado en un bonito edificio esquinero de dos piezas contiguas en el Quai Saint-Nicolas. La colección permanente consta de más de 5.000 objetos –no todos se exponen a la vez–, pero una de las cosas más interesantes que se pueden aprender en él es la manera tradicional de construir las casas alsacianas. Primero el entramado de madera (que en las paredes de la fachada queda a la vista), y la pasta formada por paja, arena, agua y arcilla con el que se rellenan los huecos. La habitación más importante era aquella que contenía las recias estufas conocidas como *gross stub*, en realidad una derivación del fuego de la cocina.

El Museo Alsaciano es depositario de una importante cantidad de objetos reunidos por la comunidad judía, que antaño fue muy importante.

Musée Alsacien. 22-25 Quai Saint-Nicolas. Tel. 388 525 000. Abierto Mi-Lu, 10-13 y 14-18 h.Entrada general 7,5€. *www.musees.strasbourg.eu.*

Museo Toni Ungerer

Espacio que rinde homenaje a este ilustrador y diseñador nacido en la ciudad y que además luce el título de Centro Internacional de la Ilustración. La colección de obras de Ungerer, un historietista célebre en Francia, supera las 11.000 piezas que abarcan todos los géneros, desde el más estrictamente infantil hasta el riguroso adulto (con una sección erótica), pasando por diseños publicitarios y revistas satíricas.

Como Centro Internacional de la Ilustración, el museo estudia esta rama del arte desde principios del siglo XX hasta nuestros días, acogiendo obra de otros dibujantes de prestigio en Francia como R.O. Blechman, André François o William Steig.

El museo tiene una activa agenda de exposiciones temporales, en las que suelen incluirse espacios especiales para niños, teniendo en cuenta que Ungerer tenía debilidad por los juguetes. De hecho, su interesante colección particular también está en manos del centro.

El Museo Toni Ungerer se ubica en la coqueta Villa Grenier, una casa ecléctica en la que se incorporaron elementos clásicos de la arquitectura tradicional francesa con los de la alemana. No en vano fue construida en el momento histórico –finales del siglo XIX– en que este territorio parecía pieza de intercambio entre las dos potencias, que se la anexionaban recurrentemente.

> **Musée Tomi Ungerer.** 2, Avenue de la Marseillaise. Tel. 368 985 000. Abierto Ma-Do, 10-13 y 14-18 h. Entrada general 7,5€. *www.musees.strasbourg.eu*.

Gabinete de Estampas

Impresionante colección de estampas que recorre todos los siglos desde la Edad Media. Con más de 150.000 piezas, son muchas las obras maestras que se incluyen, firmadas por Durero, Dorfer, Kulmbach o Pollaiuolo. Hay que recordar que Gustave Doré, el más conocido de los dibujantes al grabado, era nativo de Estrasburgo, por lo que la ciudad tiene especial querencia por esta técnica.

Además de deslumbrantes piezas únicas, hay interesantes catálogos de orfebrería, fondos documentales, imaginería religiosa y diseños antiguos.

> **Cabinet des Estampes et des Dessins**. 5, Place du Chateau. Tel. 368 985 000. Solo en visitas concertadas previamente por teléfono. Entrada gratuita. *www.musees.strasbourg.eu*.

Extramuros

Fuera de los límites medievales de Grande Île, Estrasburgo se esponja y aparecen grandes parques y jardines. No es en vano que la ciudad potencia el uso urbano de la bicicleta, pues su perfil llano y el tráfico calmado permiten perfectamente usar este medio de transporte, incluso al visitante ocasional. También hay barcos turísticos acristalados (abiertos durante los escasos días de sol) que recorren parte del río Ill y los canales asociados que dan una idea general de la arquitectura más valiosa de la ciudad. Los viajes duran alrededor de una 1h 15 min y ofrecen auriculares para seguir las explicaciones en 12 idiomas. Es mejor reservar con antelación en la web *www.batorama.fr*. Precio general 14.50€.

Parlamento Europeo

Si se tiene interés por aprender el funcionamiento del Parlamento Europeo, hay visitas guiadas regulares que duran 60 minutos en grupos formados por un mínimo de 20 personas y un máximo de 75.

Visitas al Parlamento Europeo. Rue Lucien Fèbvre. Solo en días de sesiones plenarias, nunca en sábados o festivos. Lu-Ju 11.30 h y 15 a 17 h; Vi 11.30 h y 13 a 17 h. En fechas especiales como Navidad establecen visitas también algunos sábados. No hay que concertar, solo presentarse en la entrada con un documento identificativo (obligatorio). No se admiten niños menores de 14 años. *www.europarl.europa.eu*.

El pueblecito de Hansel y Gretel

Riquewihr es, sin lugar a dudas, un pueblecito que se escapó de un cuento y quedó congelado en el tiempo. Completamente rodeado de murallas por su estructura rectangular que se vertebra en sentido norte-sur por la Rue Général de Gaulle, es la localidad que habría que conocer si –por infortunios inexplicables– solo pudiera visitarse una en toda Alsacia. **Código QR con video de la ciudad en pág. 116.**

Pese a su minúsculo tamaño, Riquewihr está bien dotado de servicios. De hecho juega todas sus cartas a su impecable casco urbano, en el que no hay ni una sola nota discordante. Todas las casas son típicas alsacianas, con el entramado de madera, la pintura de color pastel sin un centímetro cuadrado descascarillado. Las luces, los adornos obsesivos de vecinos y comerciantes, hacen el resto. Los balcones y ventanas repletos de flores son un complemento más. Para algunos visitantes puede llegar a parecer empalagoso de tan perfecto, pero al darse una vuelta por Alsacia comprenderá que ese es el gusto y el carácter de sus habitantes. Sus viviendas son uno de sus muchos elementos diferenciadores, así que los potencian al máximo.

Riquewihr recibe, como es natural, ejércitos de visitantes todos los días del año. Pero no son ni muy madrugadores ni muy constantes. Así que si se acude al pueblo a primera hora de la mañana, cuando los comercios se desperezan y todavía los barrenderos dan los últimos toques de perfección, se podrá gozar de él sin agobios. Luego, cuando el sol comienza a calentar, desembarcan grupos numerosos provenientes básicamente de autocares completando circuitos. Se marchan justo a la hora de comer, y a la hora de la sobremesa nuevamente las calles comienzan a quedar tranquilas.

Todo el casco medieval de Riquewihr es peatonal –solo se permite el acceso restringido a vehículos de reparto–, por lo que hay que aparcar fuera de las murallas y estar atentos a renovar los comprobantes del parquímetro, los vigilantes son celosos de la puntualidad. A partir de las siete de la tarde y hasta las nueve de la mañana el aparcamiento es gratuito en las zonas delimitadas, lo que presenta una excusa ideal para pasar noche en el pueblo y disfrutarlo cuando los forasteros se han marchado y ya solo quedan los lugareños. Hay cinco zonas habilitadas para aparcar. 1 hora cuesta 2€. Cuanto más larga sea la estancia, más sale a cuenta. 7 horas cuestan 7€.

Las murallas

Hay varias posibilidades para penetrar en el recinto amurallado. La puerta del sur es la más espectacular, da al ayuntamiento y a la plaza Voltaire. La del norte también es atractiva, porque está presidida por la torre con reloj que se conoce como Porte Haute. Los flancos laterales son mucho más discretos. Hay uno en la Rue des Écuries Seigneuriales (este) y otro en la Rue du Cheval (oeste). En cualquier caso, el visitante enseguida se ve sumergido en un entorno idílico de casas alsacianas perfectas. Muchas de ellas se han convertido en comercios, y Riquewihr será la mayor oportunidad de adquirir productos típicos de la región, ya sean comestibles o artesanía. Otras son instituciones públicas, museos y viviendas privadas. Porque, aunque parezca mentira, en Riquewihr vive gente, no es un decorado.

La Torre de los Ladrones

La Tour des Voleurs (Torre de los Ladrones) se halla al final de la Rue des Juifs, en el antiguo barrio judío. Se trata de una edificación medieval, levantada a principios del siglo XIV que doscientos años más tarde fue destinada a convertirse en la cárcel de la localidad. De ahí que contenga una cámara de tortura –una forma de la época de conseguir las confesiones de los detenidos–. Hay una sala con las "herramientas" más utilizadas por los torturadores y también una cocina antigua –esta estancia, de más difícil explicación, aunque podría ser la que utilizaran los carceleros. En realidad la visita se completa con la casa que impartía la justicia e incluso hay una sala dedicada a exposiciones temporales, muy a menudo relacionadas con temas bélicos y pasajes históricos de Alsacia.

La Torre Dolder

Edificio de cinco plantas con una obertura en su base
que se erige en la entrada principal del mundo
intramuros. Tal vez sea la imagen más fotografiada del
pueblo. El nombre en alsaciano indica de lo que se
trata: el lugar más elevado. Se alza 25 metros sobre el
suelo, pues fue una torre de vigilancia. Se pueden
visitar tres de los pisos, un museo de armas mucho
menos interesante que la planta de la campana, desde la
que se tienen vistas magníficas tanto del entramado de
la ciudad vieja como de los campos de viñas cercanos.
Es clásico penetrar en la muralla por este punto y
efectuar la bajada por la calle principal, empedrada,
yendo a buscar los tesoros arquitectónicos ocultos en
los rincones laterales.

El casco viejo

La calle Général de Gaulle es la principal, que conduce
desde la Torre Dolder hasta el Ayuntamiento, un
edificio neoclásico que se erige en la puerta sur de la
ciudad amurallada. A ambos lados de esta calle

principal en cuesta y con el suelo de cantos rodados se abre un universo de restaurantes, hoteles y comercios que compiten hasta el paroxismo por estar convenientemente repintados, adornados e iluminados.

Hay que estar pendiente de no dejarse las calles laterales Trois Eglises, Cerf y Saint Nicolás. La primera no engaña, contiene tres templos, una iglesia católica, una capilla que posteriormente se convirtió en escuela, y una iglesia protestante. También está la inequívoca Rue Lateral y la Rue des Remparts, donde se pueden ver por la parte interior los accesos a la muralla defensiva. En el número 1 de la Calle del Ciervo está la tienda dedicada a la Navidad que deja estupefacto a los visitantes. Se trata de un decorado –que funciona todo el año– especializado en venta de adornos navideños, pero que remite a una película hollywoodiense de papás noeles, galletas de jengibre, renos, paisajes nevados... Aunque algún visitante puede considerarse endulzado casi hasta el coma diabético, suele ser un lugar mágico para los chavales y a la gente a la que le gusta este tipo de decoración. Se trata de una franquicia de la marca alemana Käthe Wohlfahrt.

Museo Hansi

El Hansi rinde tributo a la figura de Jean-Jacques Waltz, conocido popularmente como Hansi, y que fue un maravilloso ilustrador famoso en el mundo entero por sus carteles, etiquetas comerciales y estampas para libros infantiles. La casa es deliciosa, las estancias están intocadas y se recoge buena parte de su obra. La planta baja la ocupa la tienda de recuerdos, con cualquier objeto que se pueda imaginar que contenga diseños de Hansi, y los mejores libros con su obra que se puedan localizar en toda Alsacia.

Hay otra casa museo dedicada a Hansi, regida por la misma institución, en Colmar, en 28, Rue des Têtes. La web es compartida, allí se pueden consultar qué se exhibe en cada momento, los horarios y el precio de la entrada.

La Maison de Hansi. 16, rue Général de Gaulle. Tel. 389 479 700. Abierto todo el año Lu 12-18 h. Ma-Do h y 10-18.30 h. Entrada general, 3€. *www.hansi.fr*.

Pasear por viñedos

Si el viajero quiere airearse un poco de tanta arquitectura, puede emprender el sendero señalizado que recorre los viñedos cercanos (marcado como "Perles du Vignoble") que parte de la confluencia de las calles Kientzheim y Méquillet en sentido de las agujas del reloj. Y en sentido opuesto, de la Rue de la Piscine. Es circular y toma alrededor de 1 h 30 min cubrirlo a ritmo tranquilo.

4 VALLE DE MUNSTER

El cofre de los quesos

Clavándose como una punta de flecha en el corazón del macizo de los Vosgos, Munster es un valle formado por 16 núcleos de población no solo dispersos entre ellos sino también dispersos entre sí. Es decir, que no son cascos urbanos muy agrupados, sino, a simple vista, casas construidas sin el menor deseo de formar un entramado.

El paisaje de la media montaña alsaciana está lleno de verdor. A pesar de las escasas precipitaciones, las forestas son densas y los riachuelos que las alimentan, constantes. Además, la línea de crestas que cierra el valle recibe abundantes nevadas en invierno, lo que redunda en reservorios de agua naturales en forma de lagos: Lac Blanc, Lac Noir, Lac Vert...

Munster vale la pena por dos elementos característicos: sus quesos y sus cigüeñas. En las granjas del valle se confeccionan algunos de los derivados lácteos más deliciosos de Alsacia y del noreste de Francia. Y, aunque tal vez el clima no sea el principal argumento, las cigüeñas han escogido masivamente formar parte del paisaje natural de los pueblos, colonizando tejados, torres eléctricas, campanarios...

La localidad que da nombre al valle es la mayor de todas, y merece un paseíto. El casco viejo es pequeño pero lleno de casas encantadoras, prácticamente todas ellas pobladas por las elegantes zancudas blanquinegras. Aquí, además, se afinca la oficina del parque natural de los Vosgos, lo que es buen punto de información para acometer aventuras senderistas o en bicicleta.

Casa del Queso

A la salida del pueblo de Munster en dirección sur – bien señalizado, aunque ya se halla en el término municipal de Gunsbach– se halla el gigantesco complejo museístico de la Casa del Queso. Allí se puede entender cómo se elaborar estos fantásticos productos, su historia, su tecnología, las aportaciones de los granjeros... Hay vídeos y utensilios, talleres que enseñan a los visitantes a fabricar queso y, por supuesto, una magnífica tienda de regalos no solo con los perfumados productos lácteos sino también con objetos relacionados con la vida agrícola y ganadera del valle.

Se visita una reproducción de un establo con auténticas vacas vosguianas, y uno de los lugares más apreciados por las familias –que tienen acceso a un forfé que reduce el precio individual– es el taller pedagógico. El museo presta especial atención a las visitas de grupos escolares y jóvenes, con *tours* guiados.

> **La Maison du Fromage**. 23, route de Munster. Tel. 389 779 000. Abierto abril a octubre Ma-Do 10-18 h y noviembre a marzo Ma-Do 10-17 h. Horarios especiales en las fiestas navideñas, consúltense en la web. Entrada general, 7€. */www.maisondufromage-munster.com*.

Cercado de las Cigüeñas

Uno de los animales más visibles por toda Alsacia es la cigüeña. En el valle de Munster aprovechan campanarios y torres de castillos y casas particulares para vivir buena parte del año. Están tan presentes que son el símbolo del valle, con multitud de negocios y marcas comerciales que hacen referencia a esta ave tan entrañable.

En el propio Munster hay un cercado donde conviven ejemplares dañados o que ya no son aptos para la vida en libertad. Se accede por el Chemin de Dunbach (está bien señalizado), siguiendo un sendero de apenas 250 metros de recorrido que parte de la fachada trasera del ayuntamiento. Es de acceso gratuito las 24 horas del día. Antes de llegar a él ya se reconocer el característico crotoreo de sus picos.

Excursiones

Munster está recorrido por los senderos de Gran Recorrido GR-532 y 531 que atraviesan buena parte de Europa desde Holanda hasta el Mediterráneo. Para excursiones menos ambiciosas, hay numerosas señalizaciones de senderos locales. Uno de los más atractivos es la Route des Crêtes, que cierra el valle de Munster por el noroeste, con la reserva natural de Tanet Gazon du Faing. El punto más elevado es el collado de

Schulucht, situado a 1.139 metros sobre el nivel del mar, desde el cual se obtienen magníficas panorámicas de los montes de los Vosgos y los lagos más grandes. Esta llamada Ruta de las Crestas se corresponde, en realidad, con un trazado militar llevado a cabo en 1915, durante la Primera Guerra Mundial, por el ejército francés para tener controlado el paso fronterizo.

RESERVA NATURAL LOS VOSGOS

Cinco parques naturales integran la Reserva Natural de los Vosgos, el macizo montañoso más destacado de Alsacia. En total, la red abarca un conjunto de 5.300 hectáreas que, dicen, reúne la mayor concentración de fortalezas militares de Europa.

Las montañas vosguianas tienen altitudes modestas que en ningún caso sobrepasan los 1.400 metros de altitud, pero la nieve se hace presente todos los inviernos.

Uno de los espacios más populares es el del Ballon des Vosges, por incluir el Gran Ballon, el pico más destacado de la zona, fácil de coronar. El Tanet-Gazon du Fang es pequeño en tamaño pero interesante por su zona de marismas; Frankenthal-Missheimlé se distingue por su paisaje alpino y paisajes graníticos; las turberas de Machais se circunsciben al último lago virgen de los Vosgos, el Machais, situado en un pequeño circo glaciar donde abundan los bosques mixtos de hayedo-abetal, un auténtico espectáculo cromático entrado el otoño; el macizo del Gran Ventron incluye el carismático pico del Ballon de Servance (1.216 m).

Los Vosgos están bien acondicionados para realizar rutas a pie, en bicicleta y raquetas de nieve, con abundante señalización y folletos informativos que se reparten en todas las oficinas de turismo de la región. Los rectores del área protegida aseguran que tienen balizados más de 20.000 kilómetros, lo que ofrece un abanico de oportunidades excursionistas prácticamente inagotable.

Código QR con video de la reserva en pág. 116.

Parc Naturel Régional des Ballons des Vosges. 1, Cour de l'Abbaye. Munster. Abierto Ma-Do 9-12 y 14-17 h. *www.parc-ballons-vosges.fr*.

El castillo rojo

Un imponente castillo de piedra arenisca roja domina el extremo septentrional de los Vosgos. De indudable factura germánica, podría parecer que se asienta en esa roca desde hace siglos. Sin embargo, su construcción es tan reciente que apenas tiene poco más de cien años de edad. La impresionante fortaleza fue levantada –en su aspecto actual– en 1908, por orden del káiser Guillermo II. Ahora bien, es cierto que en ese mismo lugar ha habido fortificaciones militares desde hace casi un milenio. Pero poco queda ya de los castillos originales, solo lo que los arqueólogos saben discernir de entre las modernas alas del edificio actual.

Haut-Koenigsbourg se emplaza a casi 800 metros sobre el nivel del mar. El acercamiento es una prueba para los automóviles, que deben vencer unas rampas en zigzag absolutamente endemoniadas. Los ciclistas se lo toman como un reto, y es común ver un montón de velocípedos aparcados a la puerta de la fortificación.

Tras cruzar la puerta de entrada se llega a un patio de armas que en realidad era una encerrona para posibles invasores. Después se enfrenta el único acceso al edificio de verdad, pasando por la torre más alta. Aquí había que vencer un foso y el puente levadizo. Hay dos edificios principales: el oeste alberga la sala del káiser, con frescos de Leo Schnug, y una estancia llamada lorenesa, pues fue un regalo de los habitantes de la vecina región de Lorena al emperador. Todos estos aposentos, los que debían albergar a su majestad, están orientados al sur, para recibir más calor durante el día.

Luego, salvando una escalera de caracol, se llega a la capilla, la sala de trofeos de caza y la sala de armas, y tras cruzar otro puente levadizo, al jardín occidental.

Agarrado a la cresta está el gran bastión, con la torre norte. Es el lugar desde el que antes de dominaba el paso de mercaderes y potenciales enemigos y hoy se obtiene una prodigiosa panorámica de los grandes campos de viñas que se extienden por el fondo del valle.

Hay visitas guiadas en francés, inglés y alemán (consúltense horarios en la web). Sin necesidad de pagar la entrada se puede entrar en la tienda de regalos, que –entre un montón de juguetes y disfraces medievales– esconde algunos libros, cómics y videos interesantes sobre la historia del castillo y de la región. La fortaleza tiene tal poder evocador que ha aparecido en una decena de películas y series de televisión. Parece ser que algunas de las estancias del castillo inspiraron las imágenes de minas Tirith de *El Señor de los Anillos*, tanto para las ediciones literarias ilustradas como para la popular trilogía cinematográfica de Peter Jackson

El castillo se alquila para eventos de empresa, cursos y seminarios, lo que puntualmente puede suponer que alguna sala esté cerrada al público.

De Haut-Koenigsbourg parten un surtido interesante de pistas forestales idóneas para bicicletas que conectan con las localidades cercanas. En los días claros, desde las murallas se obtiene una sensacional panorámica de la Selva Negra e incluso los Alpes.

Código QR con video del castillo a vista de dron en pág. 116.

Castillo de Haut-Koenisberg. Tel. 369 332 500. Abierto enero, febrero, noviembre y diciembre 9.30-12 y 13.15-16.15 h. Marzo y octubre, 9.30-17.45 h. Abril, mayo y septiembre, 9.15-18 h. Junio, julio y agosto, 9.15-18.45 h. Entrada general, 9€. *www.haut-koenigsbourg.fr*.

6 CAMPO DE CONCENTRACIÓN NATZWEILER-STRUTHOF

Regreso al horror

Visitar Alsacia es encadenar una experiencia bella con otra, ver lugares placenteros, disfrutar de un entorno básicamente agradable. Sin embargo la historia nos reserva un trago amargo. Y es que este bello país tuvo la terrible desventura de acoger el único campo de concentración nazi situado en territorio francés.

No es sencillo llegar a Natzweiler-Struthof. Aunque está engarzado a unas maravillosas montañas a occidente del Mount Sainte-Odile, hay que recorrer unas carreteras en constantes toboganes, no muy bien señalizadas, hasta llegar a un enorme claro en el bosque donde se afinca el campo, que ha sido conservado al milímetro para que las actuales generaciones conozcan y combatan el horror que allí se vivió.

El acceso al campo es estremecedor, cruzando una puerta de alambrada vigilada por las típicas torretas de madera. Una vez dentro, en las terrazas superiores se halla el memorial, presidido por un enorme monumento de hormigón blanco y el cementerio. Hay muchas cruces que no tienen nombre, pues no se ha podido documentar la identidad de todos los que allí fueron asesinados.

Las terrazas inferiores contienen los barracones donde vivieron los casi 22.000 internados –se calcula que murieron el 40% de ellos–. Con salas expositivas en las que se recuerdan sus nombres, de dónde procedían, hay fotografías y documentos. También hay pequeñas habitaciones que muestran algunos de los instrumentos de tortura utilizados por el ejército nazi para sus interrogatorios. En el patio exterior, una horca que da escalofríos da cumplida cuenta del castigo que esperaba a quien no se sometiera a la disciplina inmediata del régimen de internamiento.

En el edificio de entrada –de nueva creación–, donde se compra el tique de acceso, hay una exhibición permanente y también una tienda de regalos con una impresionante librería sobre cómo se vivió la Segunda Guerra Mundial en esa zona de Francia especialmente, y muchos títulos sobre el Holocausto y la deportación.

Desde el complejo principal parte un camino en descenso que baja por el bosque durante apenas un kilómetro y que conduce al edificio que fue utilizado como cámara de gas para exterminar a los prisioneros. Tan chocante es saber que se trata de la que hasta entonces fue sala de baile del pueblo como comprobar que justo a diez metros se halla un restaurante.

Cómo llegar. Al oeste de Obernai hay que seguir los indicadores hasta Rothau. Al entrar en esa localidad comienza a haber rótulos que indican "Camp du Struthof". No es necesario entrar en la localidad de Natzweiler para acceder al campo.

Campo de concentración Natzweiler-Struthof. Tel. 388 474 467. Los rectores del memorial no recomiendan la visita a niños por la crudeza de las imágenes y las explicaciones. Entrada general, 8€. Abierto marzo-diciembre 9-17.30 h. La antigua cámara de gas se visita 10-12.45 y 14-17 h, aunque los rectores del centro invitan a que se visite en primer lugar porque, al estar apartada del recinto principal, requiere de un refuerzo de vigilantes que no siempre está disponible. Entrada al campo, gratuita. El museo cuesta 8€. *www.struthof.fr*.

Las habilidades de Vauban

Sébastien Le Prestre, conocido popularmente como Vauban, es objeto de adoración por parte de los franceses. Fue el ingeniero militar más brillante de finales del siglo XVII y principios del XVIII, y todo el país está moteado con sus construcciones. Tan impactante es su inventiva como abundante su obra. Código QR con video de la ciudad en pág. 117.

Precisamente la construcción defensiva de Neuf-Brisach es el motivo por el que visitar esta localidad, un tanto "descolgada" de las rutas principales de Alsacia. Su situación, pegada a la ribera del Rin, explica la necesidad de defenderla, en un terreno muy poco propicio, pues se encuentra en un llano, el relieve no ayuda a protegerla de invasiones. Sin embargo Vauban, con sus sistema de dobles y triples cinturones de

50

murallas, con sus bastiones en forma de estrella que a su vez encerraban otros, como en un gigantesco juegos de muñecas matrioskas, consiguió hacer de la ciudadela de Neuf-Brisach un lugar inexpugnable.

Lo primero que llama la atención es que el pueblo está diseñado sobre una base octogonal. Y todas las calles parten de una cuadrícula central, un espacio diáfano presidido por una fuente llamado Place d'Armes Général de Gaulle. A esa figura geométrica, a su vez, la envuelve la típica muralla en forma de estrella que, nuevamente, tiene bastiones estratégicos que generan dobles y triples fosos. Solo unas portezuelas estrechísimas permitían abandonar la localidad a los sitiados, en busca de ayuda o alimentos.

Se puede recorrer todo el perímetro de Neuf-Brisach por la parte exterior de las murallas y, en algunos tramos, incluso subiendo a los muros. Ahora unos puentes facilitan que los vehículos entren por el norte y por el sur, pero antes había unas pasarelas levadizas que aislaban la localidad. La Unesco ha declarado patrimonio de la Humanidad el increíble entramado ideado por Vauban. Por lo demás. Neuf-Brisach es un pueblecito aletargado de apenas 2.000 habitantes, con pocos edificios destacables fuera de la obra del genial ingeniero militar, aunque cuenta con un pequeño museo con la historia de la villa denominado formalmente Museo Vauban.

El espacio, instalado en un pabellón anexo a la Puerta de Belfort, muestra documentos y objetos relacionados con la historia de la localidad en los últimos 300 años. La primera sala está dedicada a la construcción de las fortificaciones, con planos y una maqueta especialmente pensada para que los niños puedan comprender cuál era la estrategia de defensa al crear los anillos estrellados y el octógono que conforma la trama civil.

La segunda sala interesará más a los nativos de la zona, pues contiene cosas tan específicas como retratos de gobernadores, biografía de los niños más célebres del pueblo (¿!) y fotografías relativas a conflictos bélicos históricamente recientes como el sitio de 1870 y la Segunda Guerra Mundial.

Los amantes de los grandes retos viajeros pueden contemplar con brillo en los ojos los rótulos que marcan el paso del Camino de Santiago por la localidad con esta leyenda: "A Compostela, 2.235 km".

Todos los sábados por la mañana hay mercadillo agrícola en la Plaza de Armas.

Neuf-Brisach está, lógicamente, hermanada con su "gemela" alemana del otro lado del río, Breisach. En los meses de verano un "tren" turístico recorre la villa. Está pensado para niños, aunque la tarifa es de 7€.

Musée Vauban. 7, Place de la Porte de Belfort. Neuf-Brisach Tel. 389 720 393. Abierto mayo a octubre, mi-lu 10-12 y 13-18 h. El resto del año, bajo petición por teléfono. Entrada general, 3€. Todos los años determina algún día de entrada gratuito que se anuncia en la web. *www.neuf-brisach.fr.*

MAUSA Vauban

El MAUSA Vauban, Museo de Artes Urbanas y Street Art es un museo vivo de arte urbano y arte callejero, abierto en julio de 2018, en las murallas de la histórica fortaleza de Neuf-Brisach. Desde entonces, artistas urbanos de renombre internacional han pintado distintas zonas de los muros construidos por Vauban.

Aquí se pueden descubrir frescos del *globepainter* Seth, los grandes cuerpos blancos de Jérôme Mesnager, las instalaciones inmersivas de Denis Meyers y Levalet, el Lascaux del grafitero de metro Nasty, la Marylin Monroe de Pure Evil, las pinturas gigantescas de Denning sobre el calentamiento global… El Mausa invita periódicamente a nuevos artistas y las fechas de sus *performance* se publican en página web y en Facebook.

MAUSA Vauban - Musée d'Art Urbain et de Street Art. Neuf-Brisach. Abierto Ma-Do 11-19. Entrada general 10€. *https://mausa.fr*

Murallas y viñedos

Obernai es la localidad donde nació santa Odilia, hija de los duques de Alsacia y patrona del país. Tal vez ello no sea argumento suficiente para que algunos viajeros se decidan a visitarla. Quizá añadir que, además, es la localidad que agrupa a buena parte de las fábricas que producen la afamada cerveza alsaciana anime a algunos otros. **Código QR con video de la ciudad en pág. 117.**

Como no podía ser de otra manera Obernai es, además, una villa amurallada que conserva a la perfección buena parte de sus casas tradicionales. El modesto río Ehn recorre el flanco norte de las defensas pétreas, que se hallan conservadas casi en su totalidad –hay fragmentos que han sido engullidos por el crecimiento urbano–. De hecho, se pueden recorrer en un corto paseo los muros de Monseigneur Caspar, Monseigneur Freppel,

Maréchal Foch y Maréchal Joffre y así completar el anillo de protección de esta villa que sufrió graves daños durante la Guerra de los Treinta Años, a principios del siglo XVII. Nadie lo diría, viendo la actual estructura urbana.

El visitante pasea la Route d'Ottrot arriba y abajo, contemplando los escaparates de unas tiendas que hablan de afluencias turísticas nutridas. Las casas más bonitas se hallan en el sector sur del casco viejo – algunas con pasadizos exteriores absolutamente encantadores que unen dos viviendas– y también en el extremo occidental. Uno de los elementos curiosos de Obernai es el Pozo de los Seis Cubos, de estilo renacentista, situado en la calle Général Gouraud. Efectivamente, hay seis poleas con las que antaño se nutría de agua el barrio. El edificio del ayuntamiento está decorado con un gran trampantojo.

El casco antiguo está plagado de *winstub* (tabernas que tienen su origen en las estancias donde los viticultores se deshacían de sus excendentes) que a la hora del almuerzo restauran a la gran cantidad de turistas que visitan la villa. Obernai también está bien nutrida de pastelerías. En todos los comercios se encuentran las cervezas y vinos que se producen en la zona. De hecho, de la iglesia parte un pretendido sendero vitícola de Schenkenberg. En realidad el nombre es bastante equívoco, pues se trata de un trazado urbano y por el margen de una carretera. Pero ya sea a pie o en vehículo, vale la pena llegar hasta su final, apenas dos kilómetros de recorrido, pues se alcanza la colina que domina perfectamente Obernai y que permite entender su trazado urbano, ver sus murallas en la totalidad y contemplar los grandes viñedos que se extienden por el fondo del valle, regado por la confluencia de los ríos Ehn y Muelhbach, que se juntan pocos antes de entrar en la villa.

La Place du Marché es el centro neurálgico de Obernai, donde todos los jueves se establece el mercado agrícola y de artesanos. Hay que fijarse en la casa Fastinger, que permite el acceso libre a su patio, donde hay un pozo decorado con las esculturas de unos toros –para recordar el oficio de carnicero de sus propietarios originales– y las vigas de madera talladas con algunas caras humanas.

Parque Leonardsau

Un par de kilómetros al sur del núcleo antiguo se halla el jardín inglés de Leonardsau. Es un lugar de paseo y relax para los habitantes de Obernai, con casi 9 hectáreas de terreno.

A principios del siglo XIX se utilizó para blanquear lienzos en los terrenos colindantes a la casa principal, propiedad de un aristócrata local. La intervención de dos paisajistas afamados como Edouard André y Jules Buyssens le otorgó su aspecto actual.

Iglesias misteriosas

La pequeña localidad de Sélestat, regada por el río Ill, monta cada mañana de sábado un pequeño mercadillo agrícola al que acuden los productores de la zona. Es el momento de aprovisionarse de verduras, frutas, quesos, vinos, cervezas, chocolates, carnes crudas y cocinadas, encurtidos... También el martes hay mercado en las calles del casco viejo, pero este ya es de carácter más general, incluyendo ropa, calzado, objetos para el hogar... De cualquier manera, ambos son excusa perfecta para visitar Sélestat que, además de un casco urbano muy bien conservado con algunos de las mejores casas alsacianas en el Quai des Tanneurs y la preciosa torre del reloj, posee dos templos espectaculares. **Código QR con video de la ciudad en pág. 117.**

Biblioteca Humanista

Declarada patrimonio de la Humanidad por la Unesco, la Biblioteca Humanista fue fundada en 1452. En su colección se encuentran libros increíbles que se remontan al siglo VII, con ejemplares como el *Cosmographiae Introductio*, que recoge por primera vez el nombre "América" para referirse a los territorios descubiertos por Colón y también la primera cita documentada al árbol de Navidad como ornamento.

La exposición permanente del museo utiliza como hilo conductor al humanista natural de la villa Beatus Rhenanus para conducir a través de una serie de vitrinas y paneles sobre la historia de la biblioteca.

Hay una sala denominada del Tesoro donde se agrupan 154 manuscritos medievales y más de 1.600 ejemplares impresos entre los siglos XV y XVI. Los primeros pasos de la imprenta y los precursores copistas y miniaturistas se explican de forma amena en unas pantallas interactivas en las que el visitante se ve trasladado al mundo medival de la edición.

La Biblioteca Humanista tiene una dinámica agenda de exposiciones temporales, siempre relacionadas con el mundo de la edición y las bibliotecas de todos los tiempos y en todo el mundo. La tienda de recuerdos (acceso libre pero solo abierto en los mismos horarios que el museo) posee objetos hermosos relacionados con el mundo del libro y la escritura.

Bibliothèque Humaniste. 1, Place Docteur Maurice Kubler. Tel. 388 580 720. Abierta mayo a septiembre y diciembre Ma-Do 10-12.30 y 13.30-18 h. Febrero a abril, octubre y noviembre Ma-Do 13.30-17.30 h. Entrada general, 6€. *www.bibliotheque-humaniste.fr.*

Iglesia de San Jorge

La iglesia de san Jorge es tal vez el ejemplo más glorioso del gótico en Alsacia, construida en la clásica piedra arenisca roja que proporcionan las canteras de los Vosgos. Sus vitrales de las paredes laterales son fantásticos. En el exterior, vale la pena fijarse en la cerámica vidriada que forma parte de los tejadillos. El templo se levantó en un periodo bastante corto para lo que se estilaba en la época (entre los siglos XIII y XV). El alargado nártex orientado a la plaza de Saint-Jacques ocupa todo el ancho de la fachada. Si se ha estado en Estrasburgo, será inevitable comparar el rosetón con el de la catedral de esta ciudad.

> **Église Saint-Georges**. Place Saint-Georges. Abierta todos los días 8-18 h.

Iglesia de Sainte Foy

Algo más pequeña que la de san Jorge pero destacable por sus torres de campanario gemelas, es la iglesia de Sainte Foy. Ya al entrar llama la atención una especie de nártex, muy poco habitual por estos pagos, y que remite a un origen posiblemente paleocristiano. Pero lo más original es el pavimento de la nave central, con un gran laberinto dibujado en él. Cerca de la cabecera se halla los signos del zodiaco formados en mosaico. Y en las cuatro esquinas del templo, representaciones de los cuatro cursos fluviales que riegan el Paraíso: el Ganges, el Tigris, el Éufrates y el Gedon. Es una pena que los bancos de asistir a los oficios dificulten la visión de este conjunto artístico tan distintivo de muchos templos medievales franceses. Pero, por otra parte, se entiende que el templo todavía tenga más una función religiosa que turística, teniendo en cuenta que a Selestat no llegan muchos visitantes foráneos.

> **Église Sainte Foy**. 7, Rue de l'Église. Abierta abril-octubre, 8-19 h y noviembre-marzo, 8-12 y 13.30-18 h. *www.selestat.fr*.

Museo del Pan

La que fuera sede del gremio de panaderos desde el año 1522 acoge la Casa del Pan, un museo delicioso –valga la redundancia– sobre este alimento básico para la cultura alsaciana y europea por extensión. Las salas acaban de ser renovadas con nuevos objetos históricos y didácticos, y recorre la historia de una hogaza de pan desde que es un simple grano de trigo. Hay un apartado dedicado a la actividad agrícola, otra a la creación de la harina y luego se explaya con algunas de las variedades más genuinamente alsacianas, como el pretzel, el lammele, el bredle o el kougelhopf.

La casa es tan bella como el contenido, por lo que también hay un espacio para explicar su historia.

La Casa del Pan incluye una tienda en la que preparan panes, bollos y pasteles absolutamente desmayantes. Vale la pena hacer alguna provisión.

Además de la colección permanente y de exposiciones temporales, la Casa del Pan de Alsacia organiza regularmente talleres para hacer pan y pastelería en casa.

> **Maison du Pain d'Alsace**. 7, Rue du Sel. Tel. 388 584 590. Abierta mayo a septiembre Ma-Do 9-18. Octubre, noviembre y enero a abril Ma-Sa 9-12.30y 14-17.30 h. Diciembre Lu-Do 9-18 h (hasta las 18.30 h martes y viernes). Entrada general, 5€. *https://maisondupain.alsace*.

Montaña de los Monos

En las afueras de la población, a 7 km, se halla una atracción que puede resultar interesante si se viaja con niños. Se trata de la Montaña de los Monos, una reserva cerrada donde se recoge una colección de macacos de Berbería a los que se puede alimentar con palomitas especialmente confeccionadas para ellos.

Montagne des Singes. La Wick, Kintzheim. Tel. 388 921 109. Abierta últimos días de marzo-abril, 10-17.30 h. Mayo a primera semana de julio, 10-18 h. Del 1 al 10 de julio, 10-18 h. Del 11 de julio-16 de agosto, 9.30-18 h. Del 27 a 31 de agosto, 9.30-18 h. Septiembre, 10-12 y 13-17.30 h. Octubre 10-12 y 13-17 h. Entrada general, 11€. *www.montagnedessinges.com*.

Borrachera de bodegas

Localidad –cómo no– rodeada por murallas bien conservadas. La Place du Marché es el epicentro de la villa. El casco viejo conserva tres de sus cuatro torres originales.

Hay varias ermitas de interés que se hallan extramuros. La de San Juan Bautista, es del siglo XII; la ermita del Bosque tiene un altar barroco; y la de San Sebastián, que además sirve de punto de partida de un sendero que conduce al castillo parcialmente en ruinas de Bernstein, original del siglo XII. Se halla sobre un pico a 562 metros de altitud, con unas vistas magníficas de las viñas que se enseñorean de todo este sector de Alsacia. Quedan algunas estancias reconocibles, como las mazmorra, la torre romana, segmentos del edificio principal y las estancias de los señores feudales.

Aun con este patrimonio histórico-arquitectónico, lo que principalmente atrae a los foráneos a Dambach-la-Ville son las más de 60 bodegas productoras de vino, muchas de las cuales se pueden visitar tanto para conocer el proceso como para realizar catas o comprar algunas botellas/cajas. *www.dambach-la-ville.fr*.

Las tres fortalezas

Localidad de producción vitícola con un casco urbano perfectamente conservado, parte del cual es peatonal. Destaca la Torre des Bouchers (Torre de los Carniceros), de piedra desnuda pero con un fantástico reloj; la Fuente del Oso, renacentista y esculpida en la característica arenisca roja de la región; y la plaza del ayuntamiento. Sus casas son compactas y bajas, mostrando todo el entramado de madera entre las fachadas pintadas de color pastel, lo que da un aspecto más irreal que en otras localidades donde los edificios han adoptado mayores alturas. Algunas de sus casas se hallan entre las mayores de estilo alsaciano. Vale las pena buscar la casa Pfifferhüs, que en el pueblo conocen como de los ménétriers (músicos rurales que amenizaban las fiestas y romerías). Fue levantadaa a mediados del siglo XVII y además de su perfecta fachada principal, la galería está decorada con tallas de madera de la Virgen y San Gabriel.

En las afueras se encuentran algunos de los castillos – en ruinas– más importantes de la zona: Saint-Ulrich, Giersberg y Haut Ribeaupierre. Hay un sendero de cerca de 7 kilómetros que los enlaza, pero hay que contar con que se trata de un paseo largo por los desniveles. Las vistas que se obtienen desde ellos, sin embargo, merecen el esfuerzo y dan la excusa perfecta para posteriormente entrar en alguno de los coquetos restaurantes del pueblo para engullir un energético plato de chucrut con carne de cerdo. Información: *www.ribeauville-riquewihr.com*.

12 HUNAWIHR

Cigüeñas y mariposas

Un pueblo para los amantes de los animales. Si la afluencia de cigüeñas en el valle de Munster no resultan suficientes, se puede visitar esta localidad, donde se afincan ejemplares de estas zancudas por docenas. No en vano aquí se situó el centro de reintroducción (también dedicado a la recuperación de nutrias). Además, hay unos jardines de mariposas ideal para visitar con niños.

Naturoparc. Hunawihr. Tel. 389 737 262. Entrada general, 12€. Abierto abril a mitad de noviembre. Hasta seis horarios diferentes según el mes, consúltense en la web.
https://naturoparc.fr.

Jardin des Papillons. Route de Ribeauvillé, Hunawihr. Tel. 389 733 333. Entrada general, 9€. Abierto abril a septiembre Lu-Do 10-18 h. Octubre, 10-17 h. *www.jardinsdespapillons.fr*.

13 MULHOUSE

Para amantes de los motores

Ciudad de poco más de 100.000 habitantes, con su casco urbano muy dañado por los bombardeos de la Segunda Guerra Mundial, por lo que la búsqueda de una arquitectura tradicional no será el objetivo. Sin embargo, por su carácter netamente industrial, una de las locomotoras económicas alsacianas, Mulhouse reúne museos industriales muy interesantes (*www.musees-mulhouse.fr*). Los aficionados a los coches y los trenes no dudarán en encaminarse hacia allí.

Ciudad del Automóvil

Incluso a quienes no interese en demasía la temática suele atraer este espacio que se presenta como el mayor museo del automóvil del mundo, con más de 400 piezas, entre las que destacan especialmente las de la marca Bugatti. Solo con este sello distintivo en sus radiadores hay 160 coches de época. Y sigue con la predilección por los vehículos de lujo: Mercedes-Benz, Bentley, Hispano-Suiza, Rolls-Royce…

La base de este museo fue la colección personal de unos exitosos empresarios del sector textil, que iban aparcando sus compras en las naves industriales de producción. Cuando la empresa se fue a la quiebra, el estado francés adquirió el conjunto y promovió este espacio museístico.

Cualquier cosa relacionada con los coches tiene cabida en sus salas, desde exposiciones de dibujos a tapas de radiador con insignia que antes tanto distinguían a los vehículos clásicos, apartados dedicados a competiciones…

El museo tiene una tienda de recuerdos que incluye juegos, maquetas, libros, llaveros, insignias sobre automóviles (abre en los mismos horarios que el museo). Y también un restaurante que toma el nombre del mítico campeón de Fórmula 1 Juan Manuel Fangio. No se tiene constancia de que haya que comer deprisa.

> **Cité de l'Automobile**. 17, rue de a Mertzau. Tel. 389 332 323. Entrada general, 18€. Abierto Lu-do 10-18 h. *http://citedelautomobile.com*.

Ciudad del Tren

En principio una iniciativa privada de dos enamorados del mundo ferroviario, la compañía nacional ha asumido en los últimos años buena parte de la financiación, de manera que puede considcrarsc un espacio casi público. Se trata de uno de los mayores museos dedicados al tren de Europa, con más de 15.000

metros cuadrados en un moderno hangar pintado de colores en el que aparece material rodante de todas las épocas y también señales, y otras herramientas relativas a ese universo.

El museo ha tomado mucha fama entre los aficionados, y cada año tiene más de 200.000 visitas. Hay películas y documentales relacionados con los trenes, y las piezas expuestas abarcan desde pequeños convoyes mineros a las primera locomotoras de vapor (hay una Cugnot de 1776) llegando hasta los modernos trenes bala de la actualidad.

Hay un divertido espacio pensado especialmente para los niños, que incluso pueden quedarse jugando mientras sus padres se dedican a la exposición general o a las exhibiciones temporales que también aparecen de forma recurrente, ya sean explicando cómo funcionan las máquinas de vapor o cómo se decoraban por dentro los convoyes de lujo que a finales del siglo XX eran la forma más chic y cómoda de viajar por Europa.

El museo cuenta con una tienda de regalos sensacional, con libros, juegos, maquetas, ropa, objetos de escritorio…

Cité du Train. 2, rue Alfred de Glehn. Tel. 389 428 333. Entrada general, 14€. Abierto 1 enero-31 marzo, 10-17 h. 1 abril-31 octubre, 10-18 h. 1 noviembre-31 diciembre, 10-17 h. *www.citedutrain.com*

PARQUE DEL PRINCIPITO

Situado en Ungersheim, a 18 km de Mulhouse, el Parque del Principito es el primer parque aéreo del mundo, y con sus 34 atracciones, transporta al universo mágico de la obra de Antoine de Saint-Exupéry. Aquí podemos volar hacia el planeta del rey o el del farolero y admirar la vista desde los globos situados a más de 150 m de altura. También se puede imitar al Principito viajando a bordo de un asteroide o montar en una tirolina con turbulencias.

Podremos experimentar un vuelo en globo virtual al universo del Principito; y recrearnos con las proezas de las palomas acróbatas, la fragilidad de las mariposas y la inocencia de los cachorros de zorro. Los más intrépidos querrán probar la montaña rusa situada en un desierto, o lanzarse en los hidroaviones Atlantique Sud.

Código QR con video del parque en pág. 117.

Parc du Petit Prince. Ungersheim. Tel. 389 624 300. Abierto julio y agosto todos los días de 10 a 18 h. Abril, mayo, junio, septiembre y octubre consúltese la web. Entrada general: adultos 21€ y menores 17 €. *www.parcdupetitprince.com*.

Museo de Indianas

La mayor colección de telas impresas, fruto de la colección de diseños de la sociedad industrial creada para tal fin, está en Mulhouse. Es un paseo delicioso por este aspecto de la Revolución Industrial que tiene menos de fabril que de arte. Reúne estampados sobre tela que comienza en 1795 y llegan hasta nuestros días, con salas exuberantes en lo referente a la cúspide de esta técnica, en los siglos XIX y XX.

Estampados vegetales, escenas cotidianas, animales míticos, pasajes de caza, diseños orientales... hasta llegar a dibujos pop. El hilo y el algodón son las bases principales, pero también aparecen estampados en seda y otros soportes textiles.

Las exposiciones temporales suelen ser muy imaginativas, e incluyen *performances* de pequeños grupos escénicos, actuaciones musicales o temas como la mujer, la comida o el mundo infantil vista a través de los tiempos por los estampados textiles.

El museo cuenta con una tienda en la que se venden libros pero también complementos de moda como bufandas y pañuelos a precios que no están al alcance de todo el mundo.

Musée de l'Impression sur Étoffes. 14, rue Jean-Jacques Henner. Tel. 389 468 300. Entrada general, 10€. Abierto Ma-Do, 13-18 h. *www.musee-impression.com.*

La Casa Schweitzer

Situada al noroeste de Colmar, muchos viajeros llegan a Kaysersberg atraídos por el museo de las viñas. Y la sorpresa es que se encuentran un pueblecito tan bello como otros de mayor fama en la región y con un museo adicional que vale mucho la pena: la casa de Albert Schweitzer.

Casco Viejo

El núcleo antiguo de Kaysersberg tiene su eje en la plaza del ayuntamiento. Allí está la oficina de turismo, donde pueden proporcionar un plano urbano. Sin embargo, la localidad no es grande, por lo que callejear sin rumbo también está bien. Se llegará, con toda seguridad, a la Fuente del emperador Constantin y a la iglesia de la Santa Cruz, con un conjunto escultórico en el centro de la nave principal de gran belleza. Muestra a

Jesús crucificado. Los extremos de la cruz coinciden con las piedras maestras de un arco, y más allá queda el altar mayor. Es un emplazamiento singular. Hay que seguir hasta la Rue Forgerons, una calle estrecha de suelo adoquinado con algunas de las casas alsacianas más bellas del pueblo.

Museo de las Viñas

Museo dedicado a la viticultura alsaciana. Posiblemente las mismas informaciones se encontrarán en cualquiera de las bodegas que se visiten a lo largo de la Ruta de los Vinos, pero aquí con una vocación más cultural que comercial. Hay vídeos que muestran la historia de esta práctica agrícola e industrial en la región. Pero sin duda lo más bello e interesante es la ordenada colección de utensilios, depósitos, herramientas, medidores, máquinas… relacionados con la fabricación del vino. Son dos plantas. En la primera se reúnen los objetos de gran volumen, así como toneles y vasos, copas y cubertería relacionados con la viticultura y el disfrute de los caldos. Mientras que en la segunda tienen preeminencia los documentos, registros de compraventa y otros aspectos relacionados con compra de productos fertilizantes y plaguicidas, etc.

Musée du Vignoble et des Vins d'Alsace. 1b, Chateau de la Confrerie Saint-Etienne. Tel. 389 782 136. Entrada general, 5 €. Abierto mayo, fines de semana y festivos 10-12 y 15-18 h. 1 junio-20 octubre Lu-Do, 10-12 y 15-18 h. *www.musee-du-vignoble-alsace.fr*.

Museo Albert Schweizer

Premio Nobel de la Paz por su contribución a la humanidad, Albert Schweizer fue famoso a mitad del siglo XX por los esfuerzos dedicados a implementar la medicina moderna de África occidental. Como filósofo y teólogo, aplicó unos métodos revolucionarios en su época, que tenían como objeto tratar las enfermedades de manera integral y teniendo en cuenta el entorno natural de los habitantes. Eran tiempos previos a las independencias de los países africanos, por lo que los nativos estaban acostumbrados a un trato muy diferente por parte de los colonos blancos.

La casa natal de Schweizer reúne objetos personales tanto de Albert como de su esposa Helene, que le acompañó en la aventura vital de proporcionar a los africanos una calidad de vida inédita hasta entonces. Hay libros, documentos, muebles y bastante artesanía, sobre todo del Gabón, donde el doctor tuvo gran presencia a partir de 1913. Código QR con video del museo en pág. 117.

Musée Albert Schweizer. 126, rue du Général de Gaulle. Tel. 389 782 136. Entrada general, 5,50 €. Abierto Lu-Do, 9-12 y 14-18 h.

15 BERGHEIM

Encanto con brujas

Todos los pueblecitos alsacianos que conservan su estructura medieval reciben gran cantidad de visitantes. Bergheim no se libra de ellos. Pero tal vez la presión es menor que en grandes "estrellas" como Colmar, Riquewihr o Ribeauvillé. Así que una experiencia de media jornada en esta agradable localidad puede ser un buen plan.

Al casco antiguo de Bergheim se entra preferentemente por la puerta norte, presidida por una bonita torre con reloj. El centro está rodeado por unas murallas del siglo XIV que se conservan prácticamente en su totalidad. Solo tienen 2 km de perímetro, por lo que el paseo es muy asequible, y permite tener una visión en conjunto de la localidad. Tras completarlo, solo hay que colarse por alguna de las diferentes aberturas –que no se corresponden con las puertas originales sino con las necesidades de los habitantes actuales y sus automóviles– y proceder a visitar la bonita iglesia gótica del siglo XVIII, la Porte Haute o la antigua sinagoga, que no sería identificable si no fuera por los rótulos de homenaje que hay en la fachada. Hoy es un centro cultural.

De entre los bonitos edificios alsacianos de entramado de madera y pintura color pastel que hay en Bergheim, vale la pena destacar el que alberga, en la calle principal, el hotel La Cour du Bailli. Quienes estén deseosos de una estancia lujosa con *spa* especializado en vinoterapia pueden pedir habitación. Quienes tengan otros planes o presupuestos más modestos, pueden conformarse con visitar el florido patio que le da nombre y, tal vez, tomar un café en su bar.

En una casi competición, la mayoría de poblaciones alsacianas cuentan con la etiqueta de "village fleuri", que quiere decir que se esmeran en adornar calles, balcones, ventanas y puertas con tiestos multicolores. Bergheim trabaja mucho este aspecto, así como una rotulación de negocios basada en pinturas en los laterales de las casas, lo que realza el conjunto.

Casa de las Brujas

Apelando a la tradición de mujeres hechiceras medievales –algunas de las cuales tuvieron un final que huele a chamusquina–, Bergheim tiene un pequeño museo dedicado a sus brujas. Durante un siglo (entre 1582 y 1683) en la localidad se celebraron varios juicios para llevar a la hoguera a diversas mujeres. Se han documentado 43 que se quemaron vivas... Ese es el punto de partida del relato de la exposición, con paneles rotulados en francés y en alemán en los que se muestran algunos papeles oficiales antiguos y cortos documentales cinematográficos. Hay pocas concesiones a la fantasía, pues la casa tiene más vocación de relatar hechos históricos e inscribirlos en la incomprensión histórica hacia ciertos papeles desarrollados por la mujer en la edad media alsaciana y en cómo las sociedades tradicionales han reaccionado virulentamente contra lo desconocido y lo que se saliera de la regla.

> **Maison des Sorcières**. 5, Rue de l'Eglise. Abierto julio y agosto Mi-Do 14-18 h. Septiembre, Do 14-18 h. Entrada general, 3€. *www.ribeauville-riquewihr.com*.

Tilo centenario

Uno de los muchos lugares que enorgullecen a los habitantes de Bergheim es su tilo centenario. Se tiene constancia del año de su plantación –1313, en que la corona austríaca concedió sus privilegios a la localidad–, por lo que se sabe con certeza que supera los setecientos años de edad. Hace un siglo resultó dañado por un incendio, por lo que presenta un aspecto añoso y poco elegante. Sin embargo, sigue brotando cada primavera y dando sus aromáticos frutos.

Tradicionalmente, se han celebrado fiestas populares bajo su copa, por lo que se le suele denominar el Tilo de las Danzas. Se halla en el lado exterior de las murallas, cerca de la Porte Haute, en la Avenue des Remparts N. El cinturón que rodea las murallas, utilizado por lugareños y turistas para aparcar los coches, es un paseo muy bonito, con algunos tramos con camino de tierra en los extremos oriental y sur y una bonita arboleda de ribera que escolta el río Bergenbach en el lado septentrional.

LA SELVA NEGRA

LA SELVA NEGRA

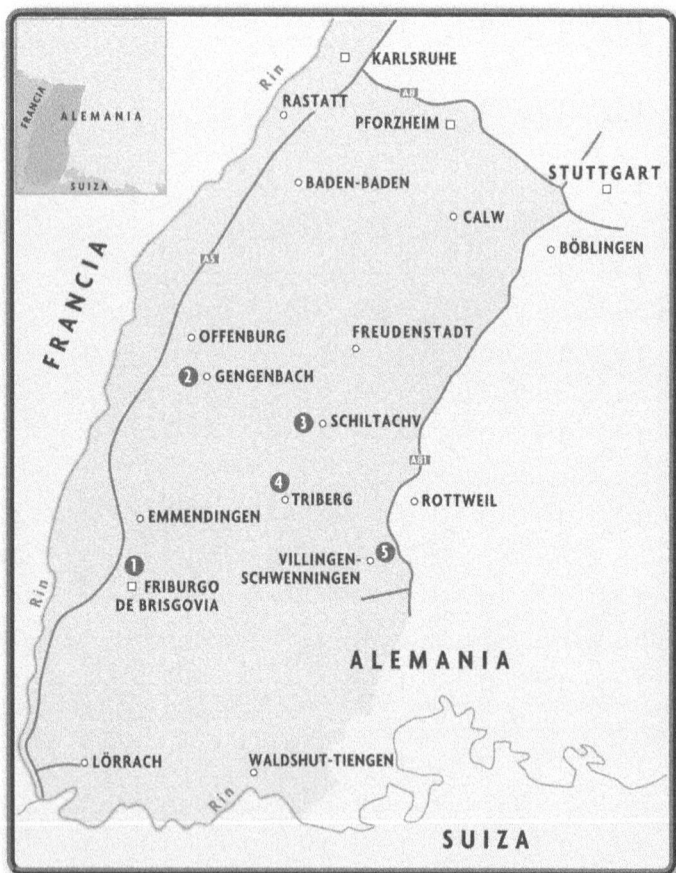

La Selva Negra se aloja en el rincón más meridional del oeste de Alemania, precisamente en la zona fronteriza con Alsacia. Se trata de una franja que en el mapa adopta una forma rectangular de unos 160 kilómetros de largo en sentido norte-sur, en el estado federal de Baden-Wuttemberg.

El nombre de la región proviene de los espesos bosques de hoja perenne que siempre la han poblado. Se trata de un paisaje amable, en el que los pueblos y explotaciones agrícolas se afincan en los fondos de valles regados por generosos ríos, mientras que las forestas guardan el aspecto impenetrable de siempre.

Por su tamaño y su fabulosa arquitectura popular, la Selva Negra es un destino popular para vacaciones. Además de sus ciudades o pueblos, una naturaleza bien conservada propone multitud de actividades a los amantes de la naturaleza, especialmente el senderismo y el esquí.

La Selva Negra solo está separada de Alsacia por el río Rin. Cruzar la frontera es sencillo porque no hay trámites que cumplimentar, Francia y Alemania comparten la misma moneda –el euro– y el viajero que tenga rudimentos de alemán podrá desenvolverse también con cierta soltura (por lo menos comprender rótulos y algunas expresiones) con el alsaciano.

En los aspectos prácticos, la industria turística funciona de similar manera, aunque podría decirse que en la Selva Negra todavía se encuentran reductos que no han sido seducidos por la llegada de extraños, por lo que en algunos pueblos, por ejemplo, el uso de tarjetas de crédito no está extendido. Salvo eso, hablamos de un territorio próspero situado en la locomotora alemana, por lo que todos los servicios –ya sean comerciales, bancarios, sanitarios o turísticos– son de primer orden. En las localidades más turísticas los comercios manejan la lengua inglesa, aunque en los pueblos pequeños tal vez haya cierta dificultad para hacerse comprender en cualquier lengua que no sea germánica.

Moverse por la Selva Negra

Las carreteras están en un estado excelente, pero los controles de velocidad son estrictos. Cuando en las autopistas desaparecen las señales que indican el límite de velocidad significa que no lo hay, el conductor se maneja a la que considera prudente. Son solo algunos tramos, no todas las autopistas, como erróneamente considera mucha gente. A su favor, que no tienen peajes. Excepto en esos sectores en que uno puede correr tanto como su prudencia le indique, los límites se cumplen a rajatabla y las multas son inmisericordes.

Los alemanes son amantes de las reglas. Un peatón saltándose un semáforo en rojo está muy mal visto y puede incluso ser increpado. Aparcar mal o en una zona prohibida acarrea sanciones sin discusión posible.

Sin duda, la mejor manera de moverse por la Selva Negra es en vehículo propio –la presencia de grandes aeropuertos en la zona facilitan mucho la aparición de empresas de alquiler, consúltese el apartado *Aeropuertos*. Por hallarse en una encrucijada con Francia y Suiza (con la conurbación de Basilea muy próxima), el tráfico a primera hora de la mañana y media tarde puede ser un poco exasperante, vale la pena planificar bien la ruta y las excursiones para evitar esos momentos del día. Muchos ciudadanos que trabajan en esa zona del noroeste helvético viven en zonas del sur de la Selva Negra o Alsacia porque les sale más a cuenta que pagar los alquileres y precios de servicios suizos, así que hay gran movimiento de coches a la hora de ir a trabajar y de salir de las oficinas.

PRECIOS

El viajero puede llevarse la sorpresa de que la Selva Negra sea, en algunos apartados, más barata que Alsacia. Ello se acusa especialmente en alojamientos, pero también en las tarifas de aparcamiento o incluso en el precio de museos y atracciones. Por otro lado, al tener una gastronomía menos sofisticada que la francesa y mucha tradición de comer cualquier tentempié por la calle a mediodía, puede influir en que el turista pueda dedicar un presupuesto menor en el lado alemán del que ha estado manejando en Alsacia.

Equipo y horarios

En lo referente al equipamiento para viajar, es exactamente el mismo que para Alsacia. En verano las temperaturas son agradables y las noches, frescas. En invierno hay que abrigarse mucho, la nieve y el hielo son frecuentes. Cualquier olvido o falta en el equipaje se podrá subsanar, lógicamente, en el excelentemente equipado comercio alemán.

Los horarios son un tanto más relajados durante la estación estival, en que llegan visitantes de todo el mundo. El resto del año, esté preparado para cenar muy pronto (entre las 19 y las 20 horas) o verá cómo cierran los restaurantes a horas tempranas para los europeos meridionales.

Excursiones

Algunas de las excursiones más célebres pueden ser dificultosas en invierno debido a la presencia de nieve y hielo, como la ascensión al pico Feldberg, de 1.493 m (el más alto de la región) o algunos paseos por los bosques o hacia cascadas afamadas. En cualquier caso, las autoridades suelen señalizar muy bien los lugares, cerrándolos incluso si tuvieran riesgo. Siga las indicaciones, si se adentra por un paraje que estaba cerrado al público y luego necesita asistencia de las autoridades se expone a multas rigurosas (y reprimendas igual de severas).

FRIBURGO
DE BRISGOVIA

Es muy probable que tome Friburgo como base para visitar la Selva Negra –al menos su sector sur–. Si es así, la decisión será acertada, pues estamos hablando de una agradable ciudad de 230.000 habitantes de bonita arquitectura, repleta de servicios para el turista y de una dimensión muy abarcable. Las principales atracciones están cerca del centro.

Catedral (Münster)

Clavada en el centro de la plaza del mercado, la catedral es un edificio levantado entre los siglos XI y XIV que impresiona por su monumentalidad. La arenisca roja que se utilizó en su construcción le otorga gran carácter, así como sus agujas, gárgolas y contrafuertes, un gótico alemán sin discusión. En el interior destacan sus vitrales. Como fueron subvencionados por los gremios medievales, siempre aparece algún símbolo que los identifica, como, por ejemplo, los que lucen un pretzel escoltado por barras de pan. También en los muros exteriores hay unas marcas medievales que servían para comprobar que el tamaño era el correcto. Además de apreciar las escenas relacionadas con la vida de Jesús o bíblicas, vale la pena jugar a identificar quién pagó cada ventanal. En el altar mayor se aloja un tríptico obra de Hans B. Grien, discípulo aventajado de Durero.

La plaza del mercado está rodeada por edificios civiles de gran belleza, decorados con estatuas y con tejados muy inclinados que hablan del rigor del clima invernal de la zona.

Catedral de Friburgo de Brisgovia. Münsterplatz. Abierto Lu-Sa 7-19 h y Do 7-20.30 h, aunque en estos horarios se ofician misas, durante las cuales no se puede entrar al templo para la visita turística. Gratuito, pero el acceso a la torre es de pago, 2,60€ y tiene su propio horario: Lu-Sa 9.30-16.45 h y Do 13-17h.

Museo de los Agustinos (Augustinermuseum)

En un antiguo monasterio, acoge obras de arte que abarcan un amplio periodo histórico, desde la Edad Media hasta el siglo XIX, haciendo especial hincapié en la escultura, que es la que ocupa la nave central. El edificio ha sido adaptado a la visita, respetando algunas estructuras originales. Al subir a la segunda planta se tiene una buena visión de conjunto y muy próxima a las gárgolas, que simulan su emplazamiento primigenio. Además, hay pinturas de Cranach el Viejo y Hans B. Grien, entre otros. Se considera uno de los mejores museos del sur del estado de Baden-Wuttemberg.

Museo de los Agustinos. Augustinerplatz, 1. Abierto Ma-Do 10-17 h. Entrada general, 7 euros. *https://visit.freiburg.de*.

Casco antiguo y Kaiser Josephstrasse

El núcleo histórico de Friburgo, el Altstadt, se esparce a lado y lado de la comercial avenida bautizada como Kaiser Josephstrasse, un agradable paseo repleto de tiendas por las que circula el tranvía y que muere en la imponente Schwabentor, una enorme torre con puerta de entrada a la antigua ciudad amurallada decorada con frescos levantada en el siglo XIII.

Vale la pena callejear, fijándose en los canalillos por los que corre agua, y que servían para arrastrar las basuras en tiempos pretéritos. Hoy son una buena decoración de las calles y una trampa para los tobillos de turistas despistados. Hay que acercarse al cauce del río Dreisam, al popularmente conocido como Barrio Caracol por las escaleras que hay en algunas casas. En el agua, cerca de Greiffenggring, hay una escultura de un cocodrilo que saca la cabeza con las fauces abiertas. Fue instalado allí en 2001 y todavía causa algún susto entre quien va paseando por allí y no se espera encontrar tamaña bestia africana en aguas de un torrente alemán.

GENGENBACH

Si por una sinrazón inexplicable un viajero solo pudiera visitar un pueblo de la Selva Negra, ese debería ser, sin duda, Gengenbach. La perfección de su Altstadt es tal que a menudo se lo ha comparado con una caja de bombones. Se articula en una calle irregularmente recta de pavimento de adoquines a cuyos lados surgen casas escapadas de un cuento, con el entramado de madera a la vista, las fachadas pintadas de colores pastel, los tejados inclinados humeando por sus chimeneas buena parte del año y sus balcones y ventanas repletos de tiestos y maceteros con flores. Los habitantes de Gengenbach se prestan, además, al juego de embellecer sus casas cuanto más mejor, y cuelgan cartelitos, móviles, velas detrás de las ventanas... lo que potencia el ambiente de cuento. Un paseo al atardecer es un espectáculo. Gengenbach aparece con nombre disimulado en la película de Tim Burton *Charlie y la fábrica de chocolate*, en la que habita el insaciable glotón Augustus Gloop, un niño que se come las tabletas de chocolate del tirón.

Ayuntamiento (Rathaus)

La casa consistorial del pueblo es un bonito edificio pintado de rosa y lapislázuli repleto de ventanas (24) y balcones. En diciembre se convierte en el calendario de Adviento más grande del mundo. Cada tarde se descubre lo que oculta una de las ventanas, que no es otra cosa que una ilustración de algunos de los dibujantes más famosos del mundo en temática infantil.

Casco antiguo

La calle principal del núcleo histórico la cierran las clásicas torres de esta región alemana, con reloj y dibujos en algunas de sus caras. Entre ellas encontramos la Plaza del Mercado (Markplatz), irregularmente triangular, donde también está el edificio del ayuntamiento y una fuente coronada por la estatua de un caballero medieval. Las calles laterales ocultan plazoletas y rincones sensacionales, con algunas casas en cuya parte baja de las fachadas se reproduce su historia particular en dibujos y las fechas más señaladas. En la casi invisible plazuela que alberga la oficina de turismo hay un conjunto escultórico divertido recreando el carnaval local.

A oriente de la calle principal está el bonito paseo por un camino arcilloso junto al río de Klosterstrasse, haciendo referencia al monasterio benedictino de las inmediaciones.

Museo del Carnaval (Narrenmuseum)

Aprovechando una torre de siete plantas, este museo muestra los vestidos y las tradiciones del riquísimo carnaval de la localidad, además de sus personajes más destacados (brujas, diablos, el Consejo de los Tontos, los bufones...). En cada piso se muestra un aspecto de esta fiesta, y al coronar los 132 escalones de la escalera de caracol se obtiene una visión espléndida de toda la localidad.

Narrenmuseum. Hauptstrasse, 37. Abierto abril-octubre Mi y Sa 14-17 h. Do y festivos 11-17 h. En Adviento, Lu-Sa 14-18 h y Do 12-18 h. Entrada general, 3 euros. *www.narrenmuseum-niggelturm.de.*

COMERSE UNA NUBE

Es muy probable que, aun no sabiendo una palabra de
alemán, el viajero aprenda enseguida a pedir
"Schwarzwälder kirschtorte", la conocidísima tarta Selva
Negra de la que en otros lares europeos hemos tenido una
pobre versión apelmazada. La original, que se halla en
cualquier pastelería de la región que se precie y en
prácticamente todos los restaurantes, es una esponjosa
creación que obliga a poner a prueba la obertura de
nuestras mandíbulas, pues la altura es considerable.
Existe la posibilidad, dirán algunos, de no engullir todos
los pisos de una tacada, pero ello resta audacia a la
ingesta.

Se trata de un bizcocho que contiene, además, nata,
cerezas amargas en conserva, almendras y licor de
cerezas (kirsch). Posiblemente no guste a los niños, pues
la ración de alcohol es generosa, y las cerezas confitadas
que se encuentran en su interior tienen un marcado sabor
amargo. Pero para el resto de los mortales es lo más
parecido a morder una nube.

Las raciones suelen ser generosas y a muy buen precio,
por lo que ingerir una de estas porciones a media mañana
o en una merienda tardía junto a un café puede suponer
eliminar una de las comidas principales de la jornada.

SCHILTACH

El pueblecito medieval de Schiltach se encuentra prácticamente en el centro geográfico de la Selva Negra, con el río Kinzig a los pies. Al llegar por la carretera general, la estructura urbanística da cuenta de que nos encontramos ante una localidad tranquila y de arquitectura tradicional. Pero nadie espera que, una vez se sube la colina, se vaya a encontrar con un entramado urbano y unas calles de tanta perfección.

El centro neurálgico de Schiltach es la Marktplatz, irregular y en cuesta, con un pavimento de adoquines. En el centro hay una fuente ornamental y uno de los edificios más destacados es el del ayuntamiento, con la fachada ilustrada con frescos que reflejan actividades tradicionales ya sean agrícolas o de explotación de la madera.

La calle más interesante es Schlosbergstrasse, en una rampaa muy pronunciada y con casonas enormes que se alinean a ambos lados –no hay aceras, aunque esté abierto al tráfico–. Son edificios de traviesas de madera a la vista y fachadas encaladas, con tejados muy inclinados y decoración típicamente germana. Hay discretas placas que indican qué oficio se ejercían en cada inmueble en tiempos pretéritos.

Museo Am Markt

Este espacio hace las veces de museo etnológico, recogiendo piezas que hacen referencia a la vida tradicional, trajes clásicos de la zona, máquinas de los diferentes oficios y una sala dedicada a Teufel von Schiltach, que tiene el dudoso honor de haber provocado el devastador incendio de Jueves Santo de 1533, que destruyó el pueblo por completo.

Museo am Markt. Marktplatz, 13. Abierto Sa 11-17 h de abril a octubre y Do 11-17h de noviembre a marzo. Entrada gratuita.

Museo de la Farmacia

Con instrumentos de medición y pesaje, frascos para guardar las hierbas medicinales, morteros, mobiliario, laboratorio y grabados en los que se muestran algunas de las tareas cotidianas de los farmacéuticos que regentaron aquí un negocio durante siglo y medio, hasta que cerraron en 1985.

Museo de la Farmacia. Marktplatz. Abierto abril y mayo Ma-Do 14.30-16.30h y junio a octubre 10.30-12 y 14.30-16.30h. Entrada general, 3€.

Barrio de los curtidores

Al bajar de la ciudad vieja en dirección oeste encontramos el último tramo del río Schiltach confluyendo con el Kinzig. Allí, aprovechándose del agua para su actividad, se asentaba el barrio de los curtidores. Así el pestilente olor de las pieles se mantenía alejado del núcleo principal. Hoy todo eso ha desaparecido, pero queda un bonito paseo por las dos riberas, con varios puentes. Hay comercios de productos de alimentación y pastelerías que vale la pena considerar.

MERCADOS DE NAVIDAD

Como en toda Europa Central, el mes de diciembre da paso a los anhelados mercadillos de Navidad. Generalmente se instalan en la Plaza del Mercado o de la iglesia, pero en localidades de buen tamaño como Friburgo de Brisgovia hay más, diseminados por los diferentes barrios.

Se trata de una pléyade de cabañas de madera en las que se venden artesanía y ropa, todo tipo de regalos y adornos para las casas. Llama la atención que toda la parafernalia está exenta de significado religioso. No suele haber pesebres sino iconografía de estrellas, renos, muchos abetos, lámparas de velas, móviles...

Los lugares estrella de todo mercadillo navideños alemán –y, por supuesto, de la Selva Negra– suelen ser los puestos que venden bocadillos de salchichas y vino caliente, que se mezcla con especias y ayuda a combatir el frío de la época. Normalmente los mercadillos navideños duran hasta el 6 de enero o el domingo más cercano.

TRIBERG

Triberg se halla en un conveniente cruce de carreteras que facilita su visita, pues se halla a medio camino de muchos otros lugares de interés de la Selva Negra. Pero si no fuera así, los viajeros se acercarían igualmente hasta esta localidad agazapada en unas cuestas inmisericordes. Hasta aquí se llega, principalmente por tres razones: para contemplar la catarata más alta del país; para comprar un reloj de cuco y de paso ponerse frente al más grande del mundo; y no menos importante, porque se dice que en esta localidad que no llega a los cinco mil habitantes se inventó la receta del pastel de cerezas.

Triberg, aun contando con una población estable pequeña, es un centro vacacional tanto para alemanes como para otros ciudadanos europeos. De ahí que el núcleo sea amplio y las urbanizaciones cercanas, abundantes y también considerables. Hay que tener en cuenta que aquí se puede practicar el senderismo y el montañismo en verano y el esquí en invierno, lo que atrae a mucha gente cada año.

Aparcar en las calles de Triberg es misión prácticamente imposible. Pero no vale la pena gastar mucho esfuerzo en ello, pues los aparcamientos de pago son extraordinariamente baratos y están diseminados estratégicamente a lo largo de la población precisamente para fluidificar el tráfico e invitar a que la gente pasee.

Cascada (Triberger Wasserfalle)

Triberg presume de tener las cataratas más altas de Alemania. Y lo son. Pero quien espere una cola de caballo de agua lanzándose sobre un risco vertical se llevará una decepción. En realidad, la famosa cascada es un sistema de saltos de siete niveles en los que el río Gutach acaba salvando 163 metros de desnivel. Pero lo hace de forma escalonada.

El lugar es hermoso, el chorro de agua siempre es poderoso y hay multitud de senderos bien señalizados que parten del mismo centro de Triberg. Como atractivo adicional, las ardillas del bosque están tan acostumbradas a los visitantes que comen de su mano. Por eso hay un quiosco a la entrada del sendero principal que vende frutos secos. La experiencia es gozosa, especialmente para los niños.

En verano hay controles en los dos caminos principales que parten de Triberg, por lo que es obligatorio un pago de 8 euros por persona. En invierno las barreras no funcionan, pero las autoridades pueden cerrar los caminos por la peligrosa acumulación de hielo.

Relojes de cuco

Pese a lo que mucha gente piensa, el reloj de cuco es un invento alemán y no suizo. En concreto, de esta región. Triberg es el epicentro mundial de los relojes de cuco. Hay muchas tiendas repartidas por todo el término municipal. La más famosa es Weltgrösste Kuckucksuhr, situada en el extremo sur de la localidad, un lugar al que no es fácil llegar a pie.

No es más que una tienda que ha tenido el acierto de colocar, en uno de sus flancos, un reloj de cuco de madera del tamaño de una casa. Se aprecia desde la carretera. El pajarillo (del tamaño de un perro grande), por supuesto, sale de su escondrijo para cantar cada hora en punto. Si se desea admirar el mecanismo interno hay que pagar, aunque la realidad es que el reloj de cuco más grande del mundo es únicamente un cebo para que se entre en la enorme tienda, que tiene desde ejemplares modestos de cien euros hasta piezas para auténticos coleccionistas que sobrepasan los cuatro mil.

Weltgösste Kuckucksuhr. Untertalstrasse, 28. Abierto Lu-Do 10-12 y 13-17h. El reloj más grande del mundo está en la calle, por lo que se puede contemplar a cualquier hora. El mecanismo interior hace los mismos horarios que la tienda. Entrada general, 2 euros.

SENDEROS DE LA SELVA NEGRA

Las masas forestales de la Selva Negra son un territorio sensacional para practicar senderismo. Los caminos están muy bien mantenidos y la señalización es impecable. En verano, uno de los objetivos principales es el pico más alto de la región, el Feldberg (1.493 m), cerca de Bärental.

En el norte, los caminos de los alrededores de la decadente y antaño esplendorosa ciudad balneario de Baden-Baden tienen encanto. Hay una ruta panorámica de 40 km conocida como Panoramaweg.

De Schattenmüle a Wutachmüle, en el extremo sur de la selva, hay un camino de 13 km que franquea un desfiladero sensacional.

Cerca de la cima de Martinskapelle (1.085 m) parte una pequeña red de senderos que transitan por el interior de un bosque espeso.

Quien desee una experiencia prolongada, puede cruzar toda la Selva Negra ayudándose del Westweg, un camino perfectamente señalizado que une la ciudad suiza de Basilea –en el extremo sur– con la alemana de Pforzheim –en el extremo norte–. En general se necesitan dos semanas para completarlo, son 285 km. Hay cabañas, albergues y diversos tipos de alojamiento a lo largo de la ruta. No es practicable, por la nieve, en el centro del invierno y principios de primavera.

La web *www.schwarzwaldverein.de* (solo en aleman) informa de varias posibilidades excursionistas por la Selva Negra.

VILLINGEN

Ciudad medieval amurallada de casas restauradas hasta la extenuación y calles pavimentadas con adoquines, Villingen es uno de los pueblos que algunos viajeros pasan por alto por hallarse en el extremo oriental de la Selva Negra, pero el desplazamiento vale la pena.

En las afueras de la localidad, a 3 km al noroeste del casco antiguo, hay un enorme complejo de piscinas al aire libre que lugareños y foráneos disfrutan en verano. Son de pago (5€) pero dan derecho a pasar un día completo disfrutando del baño, instalaciones deportivas y zonas de pícnic con césped.

Plaza del Mercado

El ayuntamiento preside la Münsterplatz, que en el centro luce una fuente ornamental con personajes esculpidos que causan gran hilaridad entre los locales. Los foráneos, por lo general desconocedores de la historia del pueblo, solo pueden admirar su gracia. Los miércoles y sábados se celebra el mercado de agricultores y artesanos de la zona, y también es el lugar predilecto para colocar el animado mercadillo de Navidad.

Catedral

Imponente edificio de arenisca roja de la región. Se trata de un templo comenzado a levantar en el siglo XII con unos campanarios –que no son gemelos– recios pero a la vez esbeltos que prolongan su sombra por toda la plaza.

Münsterplatz. Abierta Lu-Sa 8-18 h y Do 8.30-18h. Puede haber restricciones a la visita turística durante los oficios religiosos.

Datos útiles

Restaurantes escogidos

Tiendas seleccionadas

Eventos destacados

ALSACIA

Bergheim

• **La Cave du Bailli**. *57, Grand Rue. Bergheim. Tel. 389 737 495.* Cocina clásica alsaciana, muy ligada a lo disponible en el mercado en cada estación. Aun así, el chef hace volar su imaginación e incorpora reinterpretaciones del recetario tradicional. El restaurante está instalado en una antigua cava de vinos. *www.restaurant-lacavedubailli.fr.*

Colmar

• **Hôtel des Têtes**. *19, rue des Têtes. Colmar. Tel. 389 244 343.* Si queda deslumbrado por la belleza de una de las casas más bonitas de Colmar y quiere rematar la experiencia alojándose en el hotel habilitado en ella o tomando una comida en su exquisito restaurante, con tener una tarjeta de crédito a la que no le duelan prendas podrán disfrutar de una experiencia sensacional. Cocina alsaciana, francesa e internacional transformada en platos de vanguardia. *www.maisondestetes.com.*

• **La cocotte de grand-mère**. *14, place de l'École. Colmar. Tel. 389 233 249.* Cocina clásica francesa con productos de mercado. A mediodía solo hay un menú para elegir, y por la noche, una carta bien surtida. Precios muy competitivos para lo que se estila en el norte de Francia y en una localidad tan turística. *www.lacocottedegrandmere.com*.

• **Aux Trois Poissons**. *15, quai de la Poissonerie. Colmar. Tel. 389 412 521*. En el barrio más bello de Colmar, un restaurante especializado en pescado no es habitual en una zona tan alejada del mar. Sin embargo, entra en acción la sapiencia alsaciana y, en un ambiente clásico y relajante, aparecen maravillas a precios medios. *https://restaurant-aux-trois-poissons.fr*

Estrasburgo

• **Le Stras'**. *9, rue des Dentelles. Estrasburgo. Tel. 374 116 622*. Alta cocina de fusión, con lo más exquisito de las gastronomías de todo el mundo mezcladas, pero con un inconfundible toque francés. *www.lestras.fr*.

• **Bistrot & Chocolat**. *8, rue de la Râpe. Estrasburgo. Tel. 388 363 960*. El nombre es absolutamente definitorio: restaurante de corte bistró con una predominancia absoluta del chocolate en todas sus formas y preparaciones en los postres. Incorpora muchas opciones veganas a los menús del día. Cerca de la catedral, con precios imbatibles tendiendo en cuenta la ubicación. *www.bistrotetchocolat.net*.

• **Maison des Tanneurs**. *42, rue du Bain aux Plantes. Estrasburgo. Tel. 388 327 970*. Una casa con más de 400 años de antigüedad que había sido una curtiduría –de ahí el nombre– y que desde hace más de medio siglo es uno de los restaurantes más clásicos de

Estrasburgo, donde es imprescindible entrar a la chucrut con ganas, acompañada con algunos de los más selectos vinos alsacianos. Cierra Do y Lu. *www.maison-des-tanneurs.com*.

• **1741**. *22, Quai des Bateliers. Estrasburgo. Tel. 388 355 050*. Alta cocina y por tanto, para copmensales con el bolsillo robusto. Los platos son delicados y parecen una composición pictórica. La carta de vinos es muy amplia, aseguran poseer dos mil referencias. El comedor es una extraña fusión entre rococó y galáctico. *www.1741.fr*.

Kaysersberg

• **Restaurant Haassenforder**. *129, rue du Général De Gaulle. Kaysersberg. Tel. 389 471 354*. Restaurante del hotel del mismo nombre. Ambiente muy clásico, el comedor parece salido de una película de época, totalmente forrado en madera, con cabezas de venados disecadas. No en vano se halla en una bonita casa tradicional alsaciana. El menú se corresponde también con el recetario local, aunque con concesiones a la gastronomía francesa. Presencia de la carne de caza en cada temporada: jabalí, ciervo, pato... Abierto por una estrella del ciclismo de la década de 1950, de ahí su curioso escudo de armas y algunas referencias a bicicletas en el local. *www.roger-hassenforder.com*.

Mulhouse

• **Chez Auguste**. *11, rue Poincaré. Mulhouse. Tel. 389 466 271.* Que un restaurante se califique a sí mismo como "tradicional y semigastronómico" da idea de cierta humildad. Pero el Chez Auguste es codiciado por nativos y visitantes de Mulhouse por su carta decididamente exquisita de cocina francesa a precios muy competitivos para la zona. *www.chez-auguste.fr.*

• **Winstub Factory**. *5, place des Victoires. Mulhouse. Tel. 389 464 784.* Pub gastronómico muy céntrico, en un local que se llena con facilidad y es común estar apretujado. Optan por la comida tradicional alsaciana pasada por un tamiz moderno. Precios elevados para su ambiente informal, uno de los favoritos de la gente joven que quiere cenar un poco tarde. *www.winstub-factory.com*

• **Zum Saüwadala**. *13, rue de l'Arsenal. Mulhouse. Tel. 389 451 819.* Sin tapujos, un restaurante entregado apasionadamente a la cocina tradicional alsaciana, con una presencia apabullante de carne de cerdo y col fermentada, buenas jarras de cerveza y también vinos de la región. La carta y los menús de mediodía dan un poco de tregua al colesterol, pero siempre tienen un toque local. *www.zum-sauwadala.fr.*

Obernai

• **La Fourchette des Ducs**. *6, rue de la Gare. Obernai. Tel. 388 483 338.* Cuando un local luce estrellas michelin en su entrada es que dentro se cuecen cosas sofisticadas. Cocina de vanguardia, ya no fusión sino auténtica invención. A precios, lógicamente, acorde con el rango. Imprescindible reservar con mucha antelación. *www.lafourchettedesducs.com*.

- **Winstub La Dime**. *5, rue des Pelérins. Obernai. Tel. 388 955 402.* Sin artificios, se trata de un restaurante que sirve comida alsaciana tradicional, en la que todas las versiones del cerdo acompañadas de montañas de chucrut son las reinas, aunque también hay platos de la Lorena y de la Selva Negra. *www.ladime-obernai.fr*.

Ribeauvillé

- **Caveau de l'ami Fritz**. *1, Place de l'Ancien Hôpital. Ribeauvillé. Tel. 389 736 811.* En una bella casa típica, este hotel cuenta con un restaurante dedicado a la comida tradicional, encabezada por la chucrut con guarnición, el baeckoffa o el gallo al vino Riesling. *www.caveau-ami-fritz.com*.

- **Auberge du Parc Carola**. *48, Route de Bergheim. Ribeauvillé. Tel. 389 860 575.* El emplazamiento –a pie de carretera– y el nombre no deben engañar. Se trata de un restaurante sofisticado con precios que están a la altura de su refinamiento. Comida francesa, la gastronomía alsaciana tiene una presencia testimonial. *https://auberge-parc-carola.com*.

Riquewihr

- **Au Cep de Vigne**. *13, rue du Général De Gaulle. Riquewihr. Tel. 389 479 234.* En una cava con cúpulas de piedra y ambiente rústico, este restaurante de Riquewihr está especializado en los platos alsacianos más clásicos, desde las tartes flambées a la chucrut con carne de cerdo, aunque también se puede optar por comidas más ligeras, como ensaladas o crepes. *www.cep-de-vigne.com*.

Sélestat

• **Crêp'Ôz**. *14, rue de la Grande Boucherie. Sélestat. Tel. 389 584 836*. Crepes bretonas auténticas, para darse un respiro de comidas grasientas y pesadas. Ideal para un tentempié a mediodía o una cena ligera. Existe la posibilidad de escoger la masa de la crepe y también los ingredientes, como en algunas pizzerías. *https://crepoz.wixsite.com/website*.

Stosswihr

• **A l'ancienne poste**. *24, rue de la Schlucht. Stosswihr. Tel. 389 773 305*. Cocina casera con un toque moderno y precios ajustados para lo que se estila en el valle de Munster. Los propietarios conducen el negocio de forma muy familiar, y suelen aconsejar a los comensales los productos que acaban de conseguir en el mercado. *https://a-l-ancienne-poste.edan.io*

SELVA NEGRA

Friburgo de Brisgovia

- **Markthalle**. *Martinsgasse, 235.* El tradicional mercado de alimentos ha sufrido la misma transformación que muchos otros en el mundo, y hoy está plagado de puestos y barecitos en los que picotear comida internacional o, si se prefiere, local. Abierto Lu-Do 8-20 h. *www.markthalle-freiburg.de.*

- **Martin's Bräu**. *Kaiser Josephstrasse, 237. Tel. 761 387 018.* Cerveza y salchichas a raudales. Situado en la principal avenida comercial de Friburgo, esta cervecería tradicional luce sus alambiques de cobre con los que presume de fabricar su propia cerveza. La variedad y abundancia de carnes tienen fama. Los precios son ajustados. *www.martinsbräu-freiburg.de.*

- **Wolfshöle**. *Konviktstrasse, 8. Tel. 761 30 303.* Cocina creativa y moderna que no tiene reparos en beber de cualquier fuente: hay platos de neto acento alemán con otros muy mediterráneos. Lo mismo sucede con los ingredientes exóticos, que pueden aparecer en combinaciones asombrosas. El capricho se paga, no es estrictamente barato. *www.wolfshoehle-freiburg.de.*

Gengenbach

- **Gasthof Hirsch**. *Grabenstrasse, 34. Tel. 22 280 120.* Taberna de aspecto clásico, en una bonita casa pintada de color vino. Precisamente los caldos que acompañan siempre la comida son de la región, con debilidad por los riesling. La cocina, felizmente, no se ciñe a la energética gastronomía de esta zona forestal sino que hace guiños a la suiza, italiana y francesa. *www.hirschgengenbach.de*.

• **Gasthaus Zum Turm**. *Hauptstrasse, 39. Tel. 78 031 496.* Tradicional espacio para beber cerveza en el que aparecen algunos platos típicos alsacianos y de la Selva Negra. La especialidad de la casa es el codillo de cerdo. Ambiente desenfadado, sobre todo después de cenar, cuando empiezan a servir copas. *www.zum-turm.de*.

• **Domaine Martin Jund**. *12, rue de l'Ange. Colmar. Tel. 389 415 872.* Tienda de una de las más veteranas bodegas de producción de vino ecológico de la región. Además de comprar, se puede concertar una visita a los viñedos y al lugar de producción. *www.vin-bio-jund.com.*

• **La Maison de Hansi**. *16, rue du Général de Gaulle. Riquewihr. Tel. 389 479 700.* Cualquier objeto que contenga un diseño del famoso ilustrador Hansi se encuentra en esta tienda: etiquetas de vino y cerveza, manteles, calendarios, carteles, posavasos, vajilla… Además de los libros con su obra completa. Han abierto una casa "gemela" en **Colmar** que se halla en 28, rue des Têtes. Tel. 389 414 420. *www.hansi.fr.*

• **Féerie de Noël**. *1, rue du Cerf. Riquewihr. Tel. 389 479 402.* Sorprendente tienda, abierta todo el año, que está especializada en adornos navideños. En Alsacia hay pasión por decorar las casas con cualquier excusa, así que la gama de productos que se exhibe es asombrosa. *www.feeriedenoel.fr.*

• **Choco en Têtes**. *7, rue des Têtes. Colmar. Tel. 389 243 502.* Una de las muchas chocolaterías que se pueden encontrar en toda Alsacia, aunque esta parece una casa de cuento y se especializa en figuritas elaboradas con diferentes tipos de cacao. Gran surtido de chocolates para regalar, en sus paquetes especiales.

• **Mireille Oster**. *14, rue des Dentelles.* ***Estrasburgo****. Tel. 388 323 334.* Tienda especializada en pan de jengibre y otros manjares relacionados con la sabia mezcla de harina, agua, levadura madre, especias y frutos secos. Solo por ver la tienda ya vale la pena. Ante el éxito, han abierto otra tienda cerca, en 17 rue des Molins.

• **Musée Tomi Ungerer**. *2, Avenue de la Marseillaise.* ***Estrasburgo****. Tel. 369 985 000.* El pequeño pabellón donde se compran las entradas para el museo de Tomi Ungerer es a la vez tienda donde adquirir algunos de los libros firmados por este chocante ilustrador, así como otros objetos que contienen algunos de sus dibujos. *www.musees.strasbourg.eu.*

• **Michel Streissel**. *25, rue de Haguenau.* ***Soufflenheim****. Tel. 629 680 257.* Maestro ceramista que vende todo tipo de objetos para el uso cotidiano, pero con una decoración sensacional. La mayoría de días se le puede ver en pleno proceso creativo. La globalización también ha llegado a este pequeño taller, y además de los motivos clásicos alsacianos han entrado otros de diferentes culturas del mundo, como las simpáticas calaveras del Día de Muertos mexicano. Y los cacharros de la región se ven acompañados por exotismos como tajines marroquíes. *http://poterie-streissel.com.*

• **Cave de Ribeauvillé**. *2, route de Colmar.* ***Ribeauvillé****. Tel. 389 732 035.* Una de las bodegas más veteranas de Ribeauvillé tienda una gran tienda en la que se pueden adquirir todas las variedades de vino alsaciano. *www.vins-ribeauville.com.*

- **Quai des Brumes**. *120, Grand'Rue.* *Estrasburgo. Tel. 388 353 284.* Gran librería en el centro de Estrasburgo con todas las novedades literarias que ofrece el ingente mercado francés más todo tipo de libros dedicados a la cultura, la arquitectura y la gastronomía alsacianas. *www.quaidesbrumes.com*.

- **Cave Historique des Hospices de Strasbourg**. *1, place de l'Hôpital.* ***Estrasburgo. Tel. 388 116 450.*** Una cava que funciona desde hace casi ocho siglos, cuando se creía que el vino tenía efectos curativos. Posee una tienda que contentará a los entendidos en vinos. Los neófitos serán bien aconsejados, hay caldos de todos los precios, siempre de la región. www.vins-des-hospices-de-strasbourg.fr.

- **Mercados de Sélestat**. Entorno a la iglesia de Saint-Foy los martes 8-13 h el enorme mercadillo de todo tipo de productos; y los sábados 8-12 h en la Place Vanolles el específico de productos locales, dos buenos días en los que complementar la visita a Sélestat, especialmente para hacerse con *delicatessen*.

- **La Fromagerie Saint Nicolas**. *18, rue Saint-Nicolas.* ***Colmar. Tel. 389 249 045.*** Un delirio para los amantes de los quesos. Lógicamente, cualquiera que sea alsaciano o francés, pero también de otros lugares del mundo. Tienen su propia cava de afinado y aconsejan cómo maridarlos con determinados vinos. Poseen también tienda en Mulhouse y Sélestat. www.fromagerie-st-nicolas.fr.

Enero

• **Festival de Cine Fantástico.** En la localidad lorenesa de Gerardmer y durante dos semanas se celebra este certamen dedicado al cine de ciencia ficción, terror y fantasía. *www.festival-gerardmer.com*.

Abril

• **Pascua.** Los conejos aparecen por todas partes, y los alsacianos se vuelcan en dar felicidad a los niños. Se decoran todos los pueblos y ciudades y la recompensa por encontrar a los conejos ocultos por parques y jardines son huevos y figuras de chocolate. Según el año, puede caer en el mes de marzo.

• **Riesling du Monde.** La variedad de vino Riesling tal vez sea la más conocida mundialmente de cuantas distinguen a la producción vinícola alsaciana. Merece su propia feria, presentada en forma de competición. En Estrasburgo, a mitad de mes, coincidiendo con el fin de semana. *www.portail-vins-du-monde.com*.

Mayo

• **Soirées Folkloriques.** Parte de la primavera y todo el verano Colmar presenta un extenso programa folclórico, preferentemente alsaciano, pero también con grupos extranjeros. Todos los martes hay actuaciones por las calles de la ciudad. *www.tourisme-colmar.com*.

113

• **Noche de los Museos.** Celebración que abarca todo el país. El sábado más cercano al día 18 todos los museos abren por la noche y el acceso es gratuito. *www.nuitdesmusees.culture.gouv.fr.*

Julio

• **L'été à Strasbourg.** Desde finales del mes anterior y hasta entrado el mes siguiente, espectáculos que combinan la iluminación de la catedral, los puentes cubiertos y la presa Vauban con castillos de fuegos artificiales. *www.ete.strasbourg.eu.*

• **Festival "Música" de Estrasburgo.** Ya un veterano, este festival se celebra desde 1982 y es una de las citas importantes de la música clásica en el norte de Francia. Dura hasta septiembre, según los años. *https://festivalmusica.fr.*

• **Festival de Colmar.** Certamen internacional con un buen programa de conciertos de música clásica. La primera quincena del mes. *www.festival-colmar.com.*

Septiembre

• **Mondial de la Bière.** Feria de la cerveza itinerante en la que se ven involucradas las principales marcas de este refresco típicamente alsaciano, ya sean grandes multinacionales o pequeños productores. A mitad de mes, durante cuatro días. *https://festivalmondialbiere.qc.ca.*

Diciembre

• **Mercados de Navidad**. Con la pasión que los alsacianos sienten por decorar sus casas, los mercados de Navidad son grandes y bien surtidos, para que todo el mundo pueda comprar cuantos más adornos y luces mejor. El de Estrasburgo es el que dura más, del último sábado de noviembre al 31 de diciembre. *https://noel.strasbourg.eu*.

VIDEOS

COLMAR

https://youtu.be/K0i84GAGDD4

ESTRASBURGO

https://youtu.be/oVUHwIuGE8g

RIQUEWIHR

https://youtu.be/4_0woqXaXCw

RESERVA NATURAL DE LOS VOSGOS

https://youtu.be/mS1SXYD-Hh0

CASTILLO HAUT-KOENISBERG

https://youtu.be/Re9hW7Wd7bE

116

NEUF-BRISACH

https://youtu.be/sDgQMvo4xgo

OBERNAI

https://youtu.be/aNp_wy-s0Yc

SÉLESTAT

https://youtu.be/Jimwss2Ht5A

PARQUE DEL PRINCIPITO

https://youtu.be/vTK6fV1rut4

MUSEO ALBERT SCHWEIZER

https://bit.ly/39Yg0eC

Tercera edición: febrero de 2023

© **Ecos Producciones Periodísticas SCP, 2023**

www.guiasecos.com

Textos: Sergi Ramis
Fotos: Sergi Ramis y Pixabay
Diseño y maquetación: Ecos Travel Books
Cartografía: Ecos Travel Books

ISBN: 9788415563952

GUÍAS DIGITALES ECOS

Ámsterdam | Atenas | Barcelona | Bélgica |Berlín | Bilbao | Bratislava |Budapest | Buenos Aires | Cafés de Europa |California | Camboya, bajo la lluvia del monzón | Camino de Santiago | Camino de Santiago en Castilla y León | Camino de Santiago en Galicia | Camino de Santiago en Navarra y La Rioja | Comer bien en el Camino de Santiago |Copenhague | Costa Brava | Donostia-San Sebastián | Dubrovnik | Edimburgo | Escocia | Estambul | Estocolmo | Finlandia | Fiordos de Noruega |Flandes | Florencia | Glasgow | Himalaya | Holanda | Ibiza y Formentera | Isla Mauricio | Islandia | Islas Baleares| Islas Feroe | Japón | Jerusalén | Lisboa | Londres | Los Ángeles | Madeira|Madrid | Mallorca | Malta | Manhattan | Marrakech | Menorca | Mississippi el río, la autopista del blues | Nápoles | Noruega | Nueva York | Oslo | París | Praga | Provenza | Roma | San Francisco | Tallinn | Valencia | Venecia | Viena | Zurich

GUÍAS ECOS EN LIBRERÍAS

Berlín | Bretaña | Budapest | Camino de Santiago | Copenhague | Croacia | Escocia | Estambul | Finlandia | Islandia | Japón | Lisboa | Madeira | Marrakech | Noruega | Nueva York | Repúblicas Bálticas | Suecia

www.guiasecos.com

Si tienes algún comentario o información que enriquezca los contenidos de esta guía o sencillamente quieres explicarnos tu visita a Alsacia, puedes escribir a: info@ecosediciones.com.

9 788415 563952